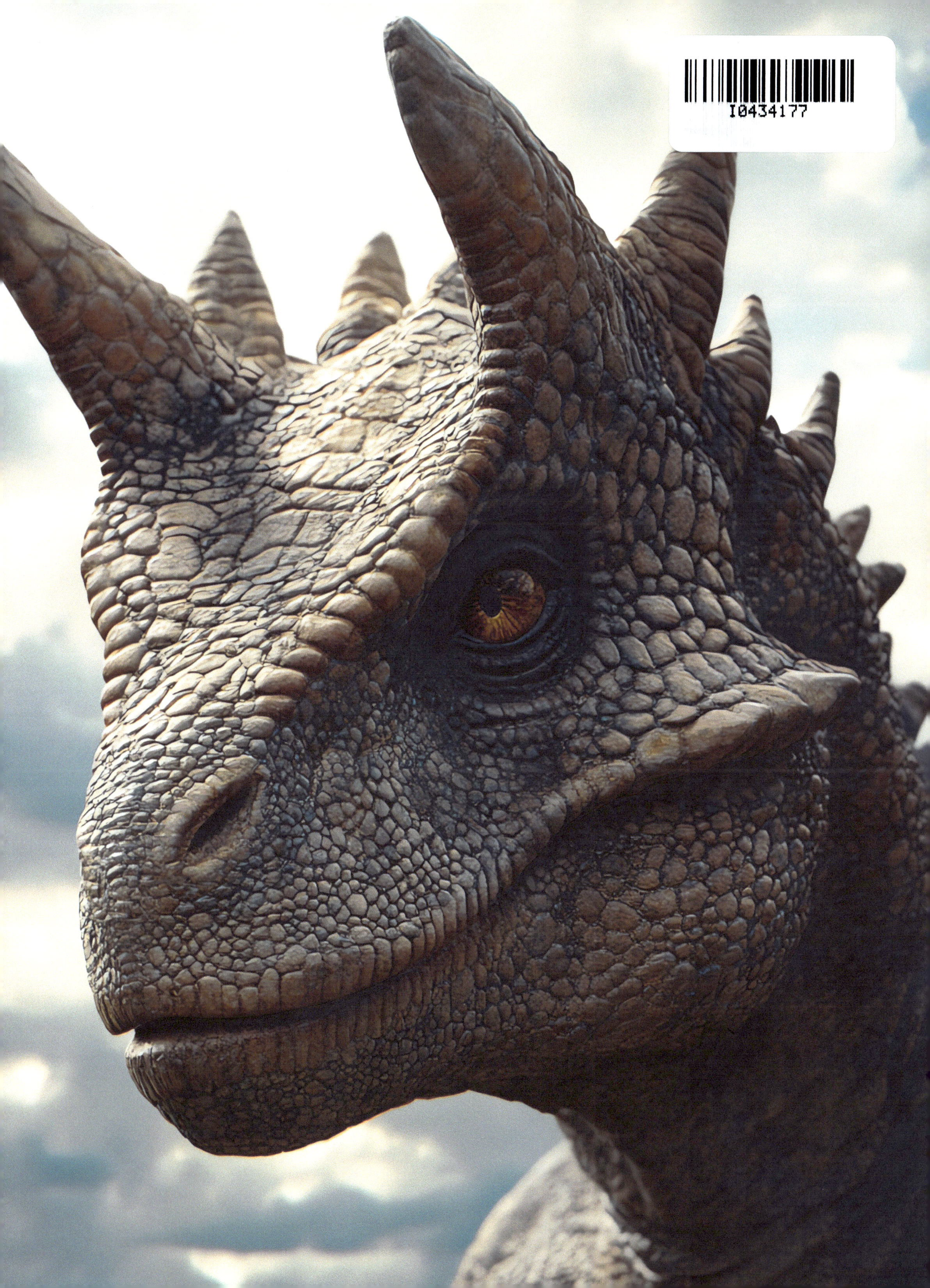

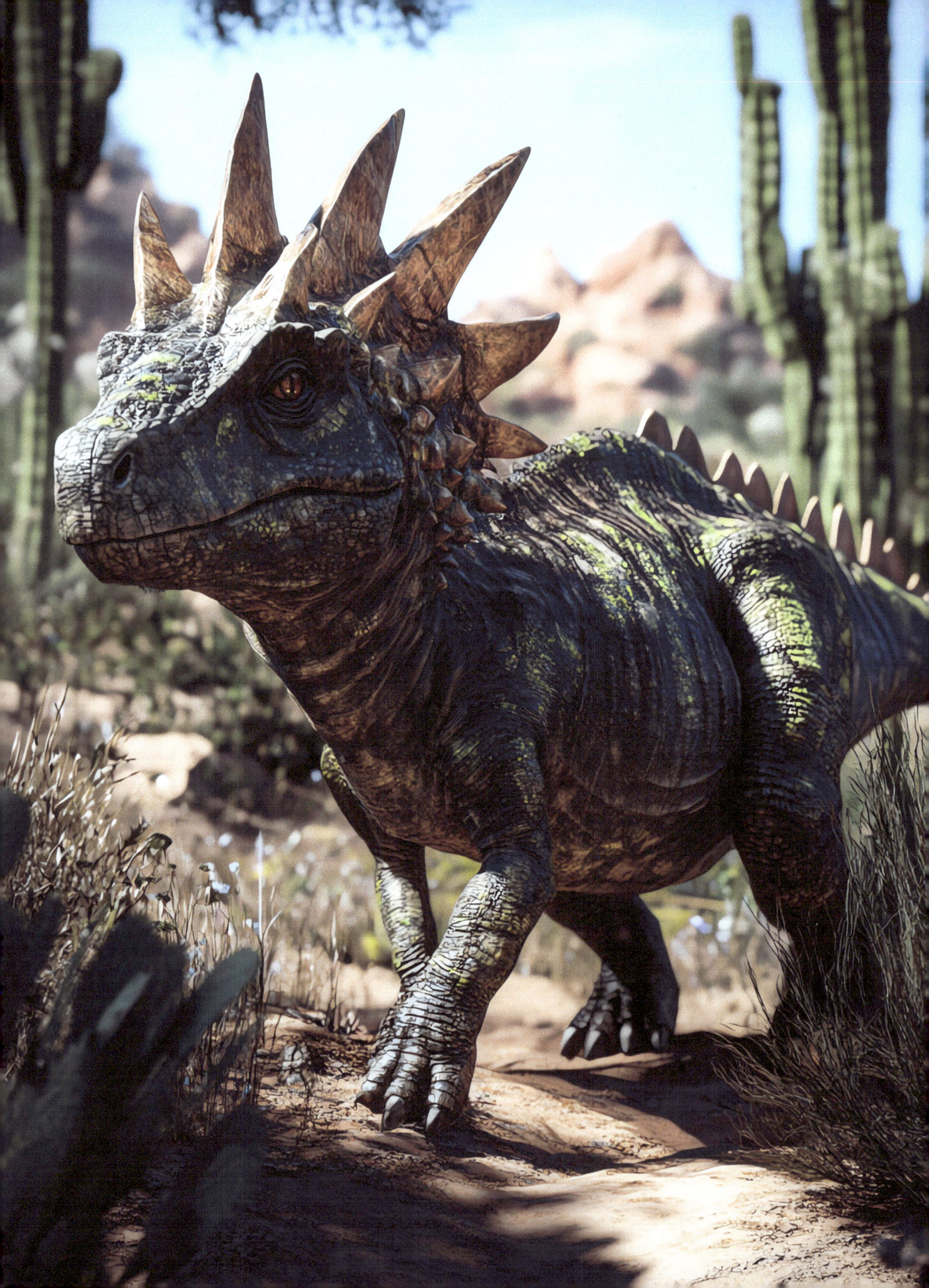

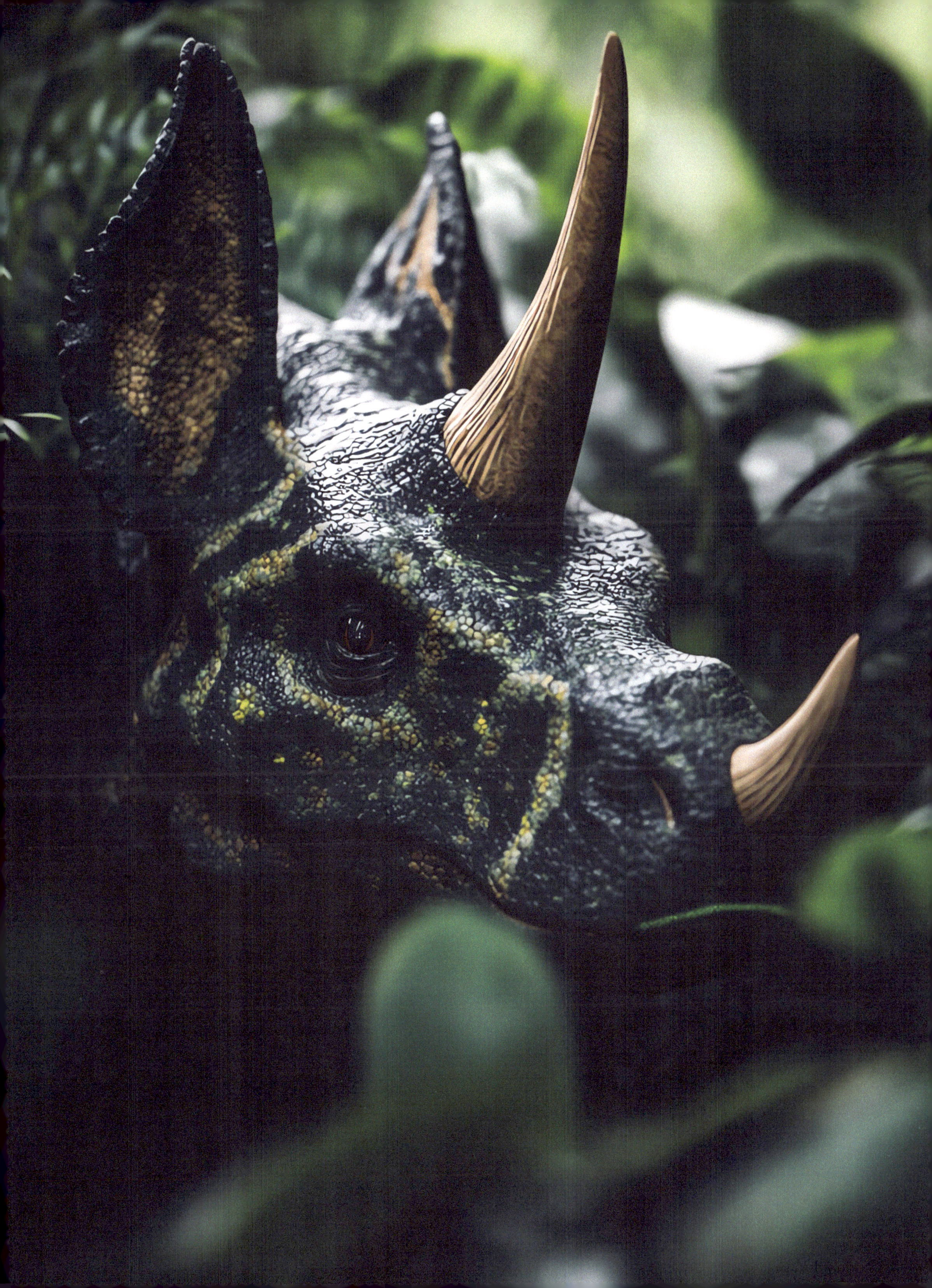

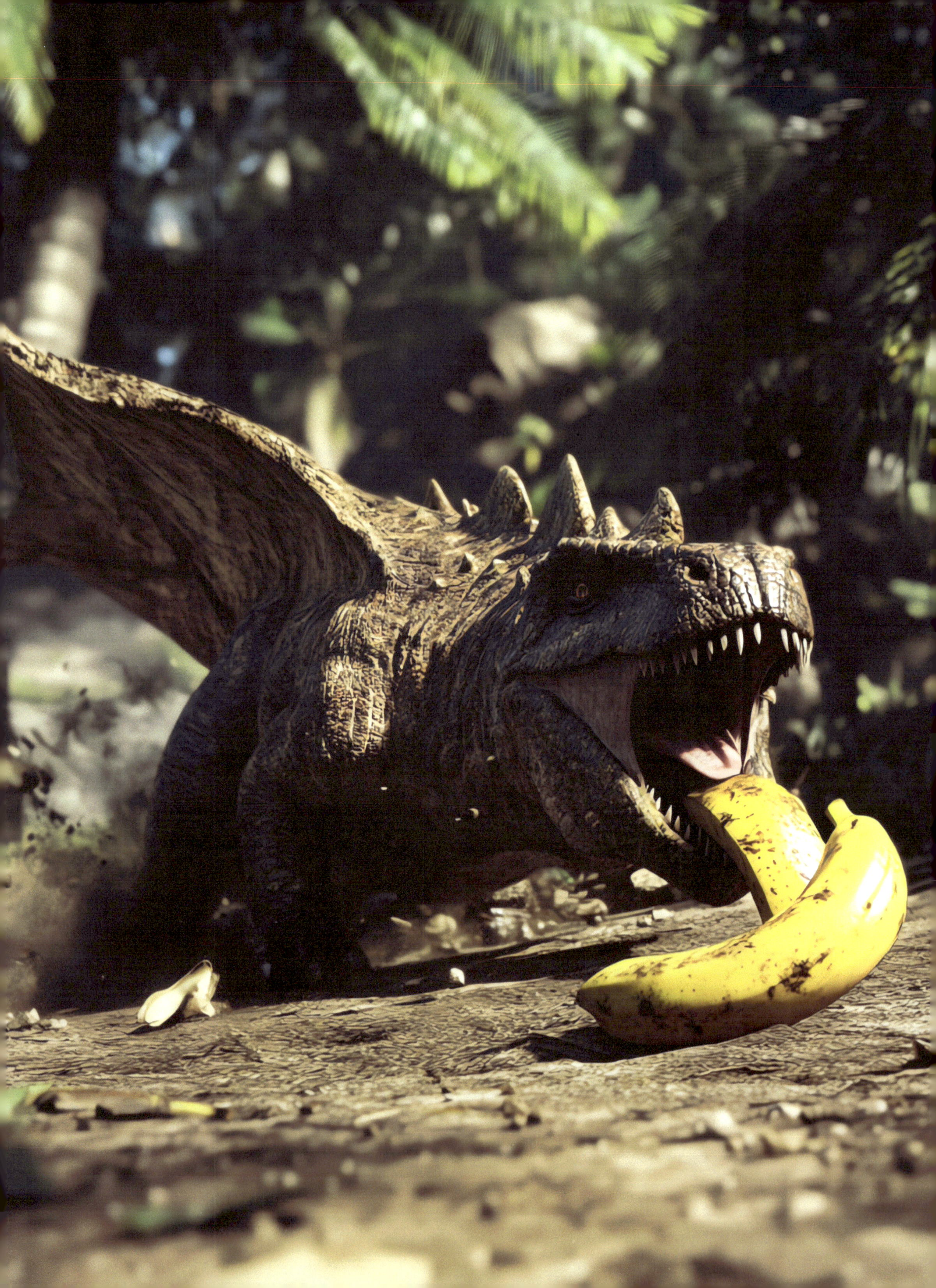

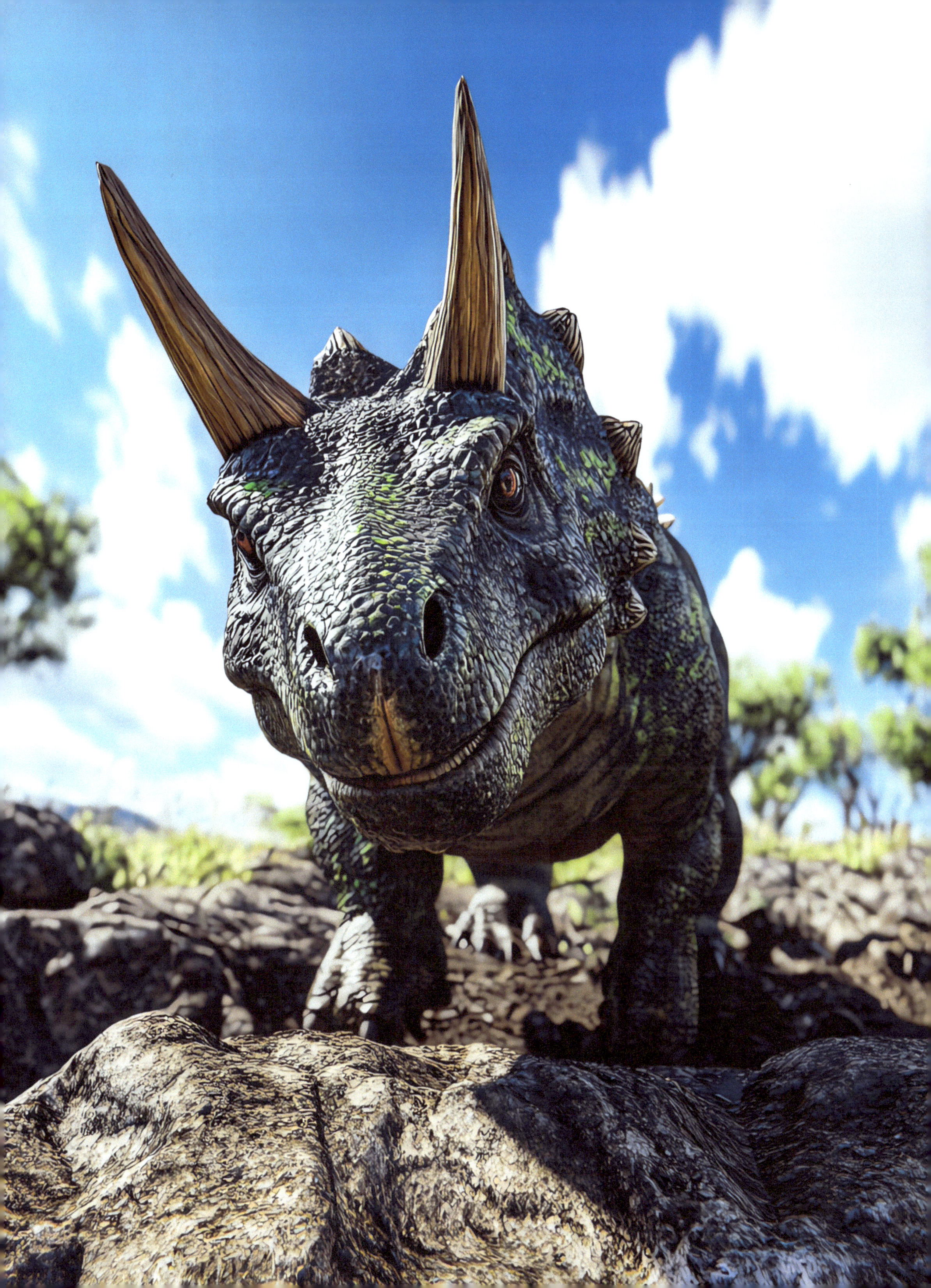

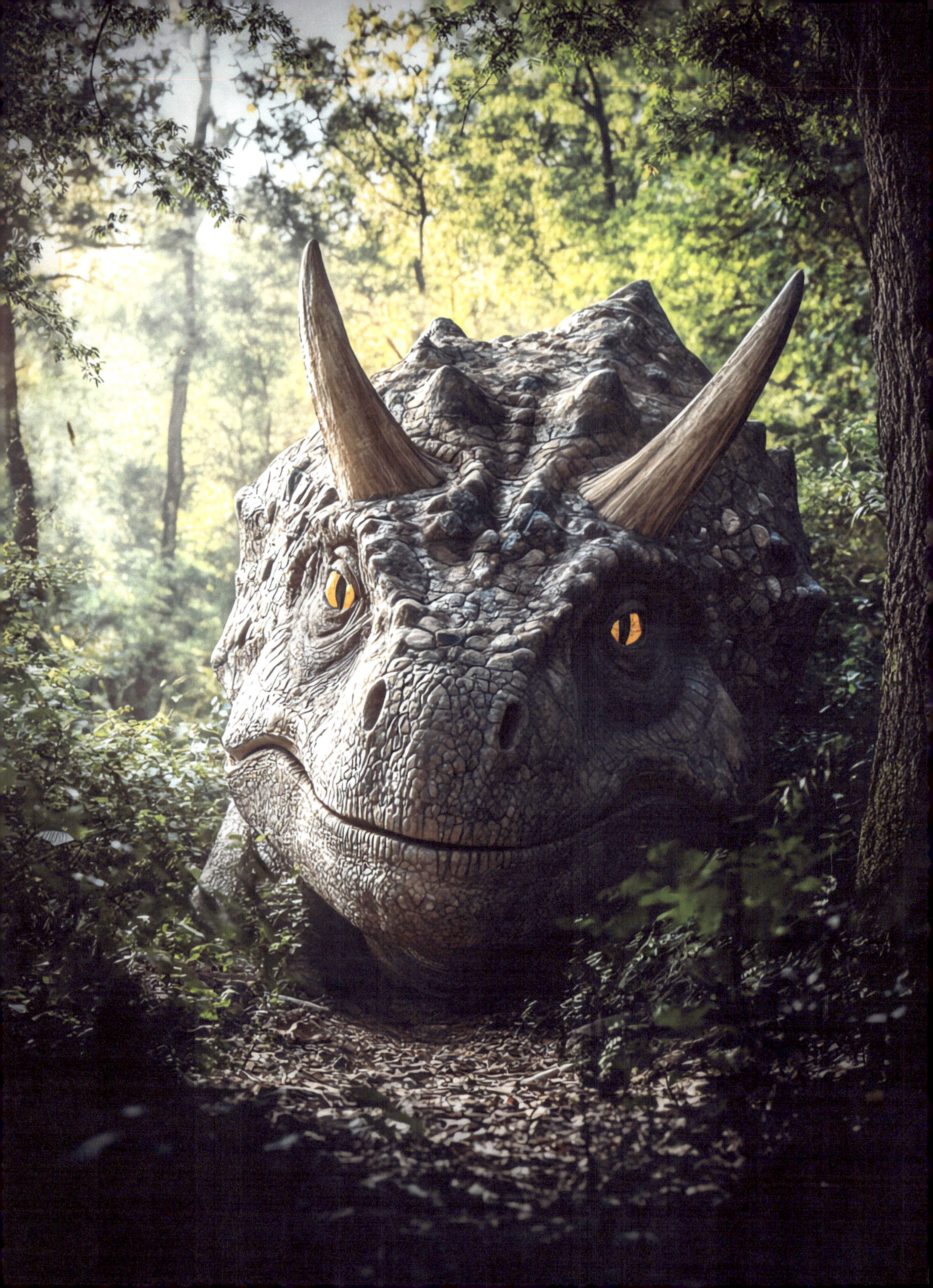

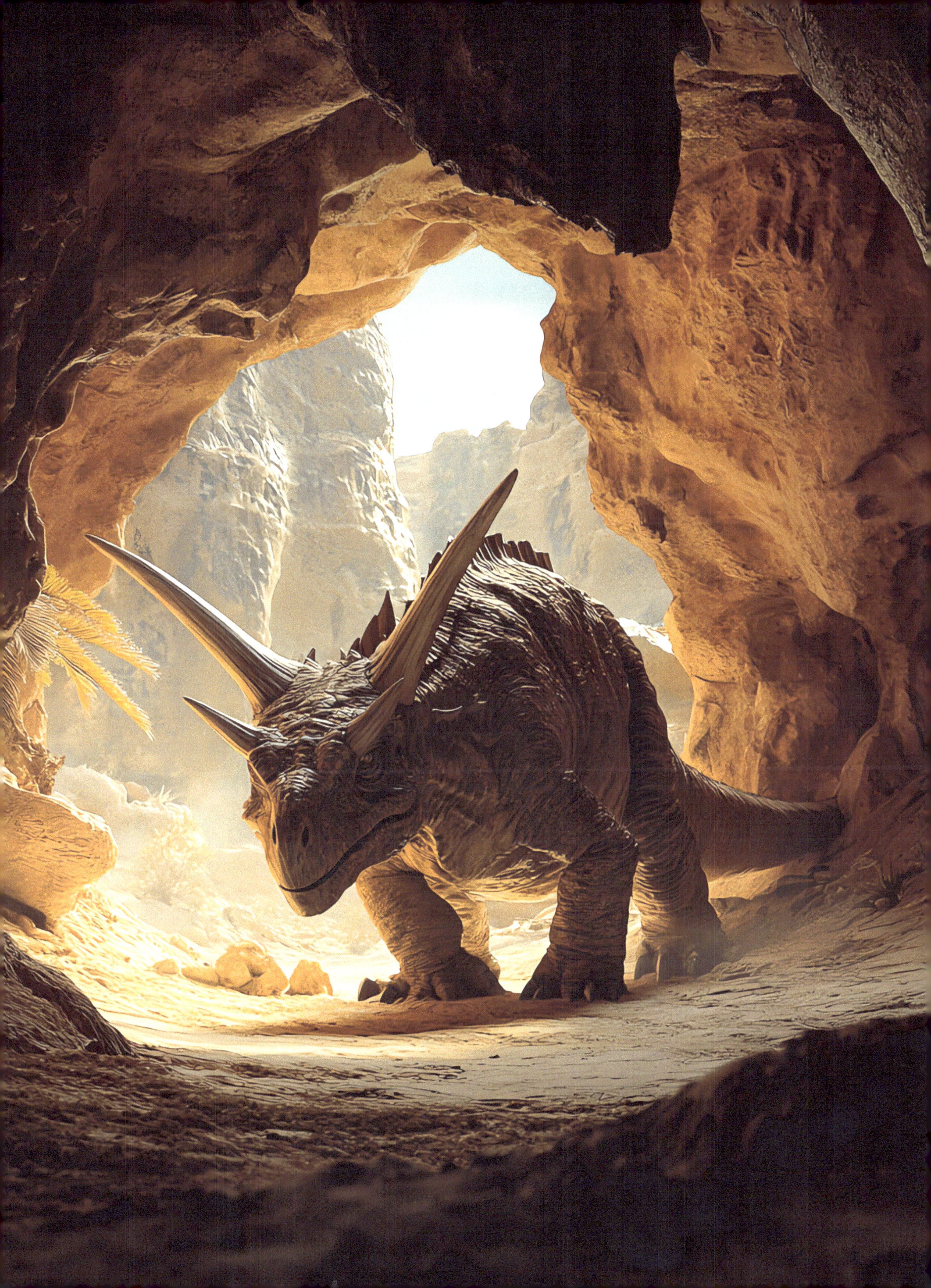

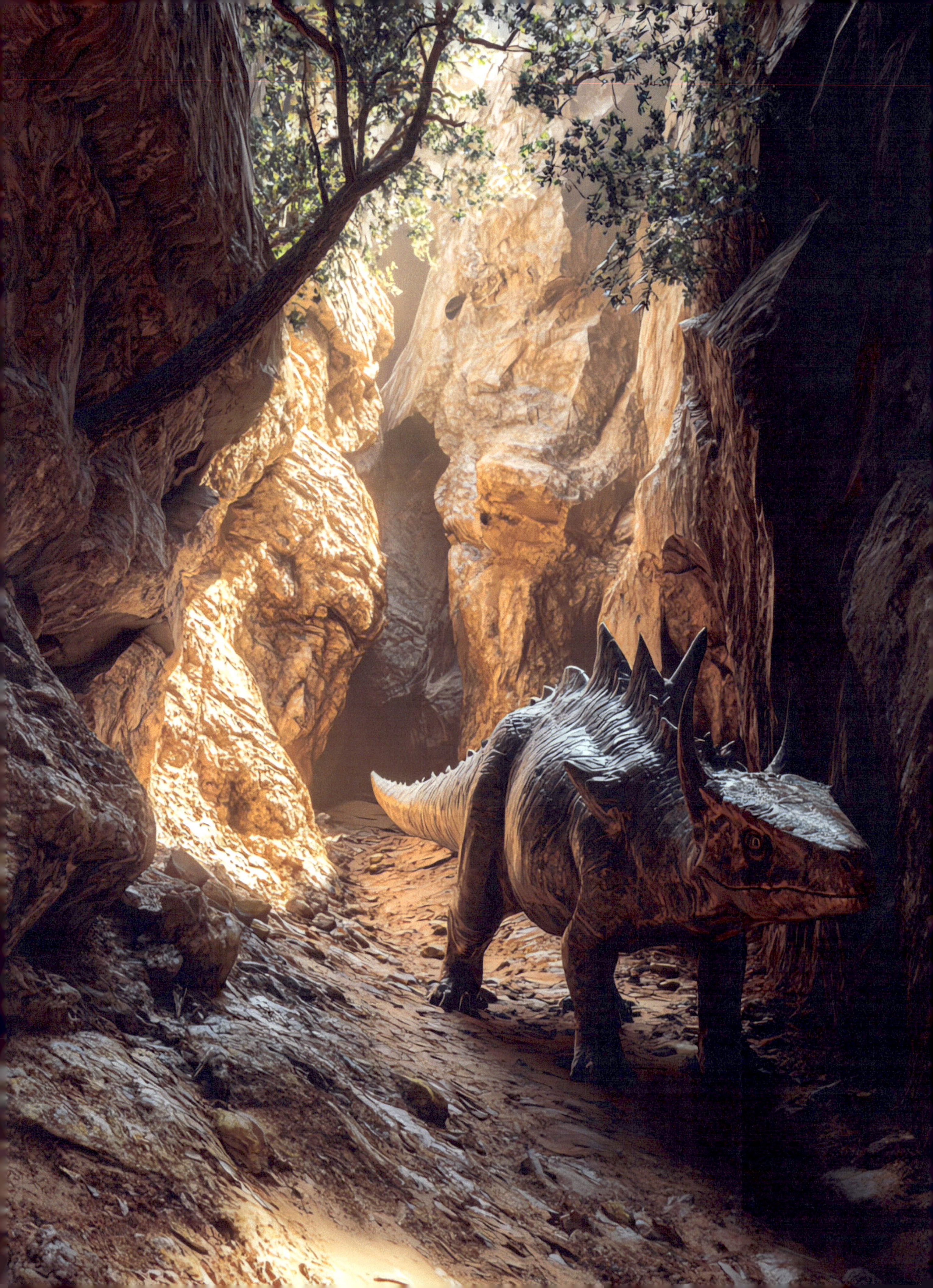

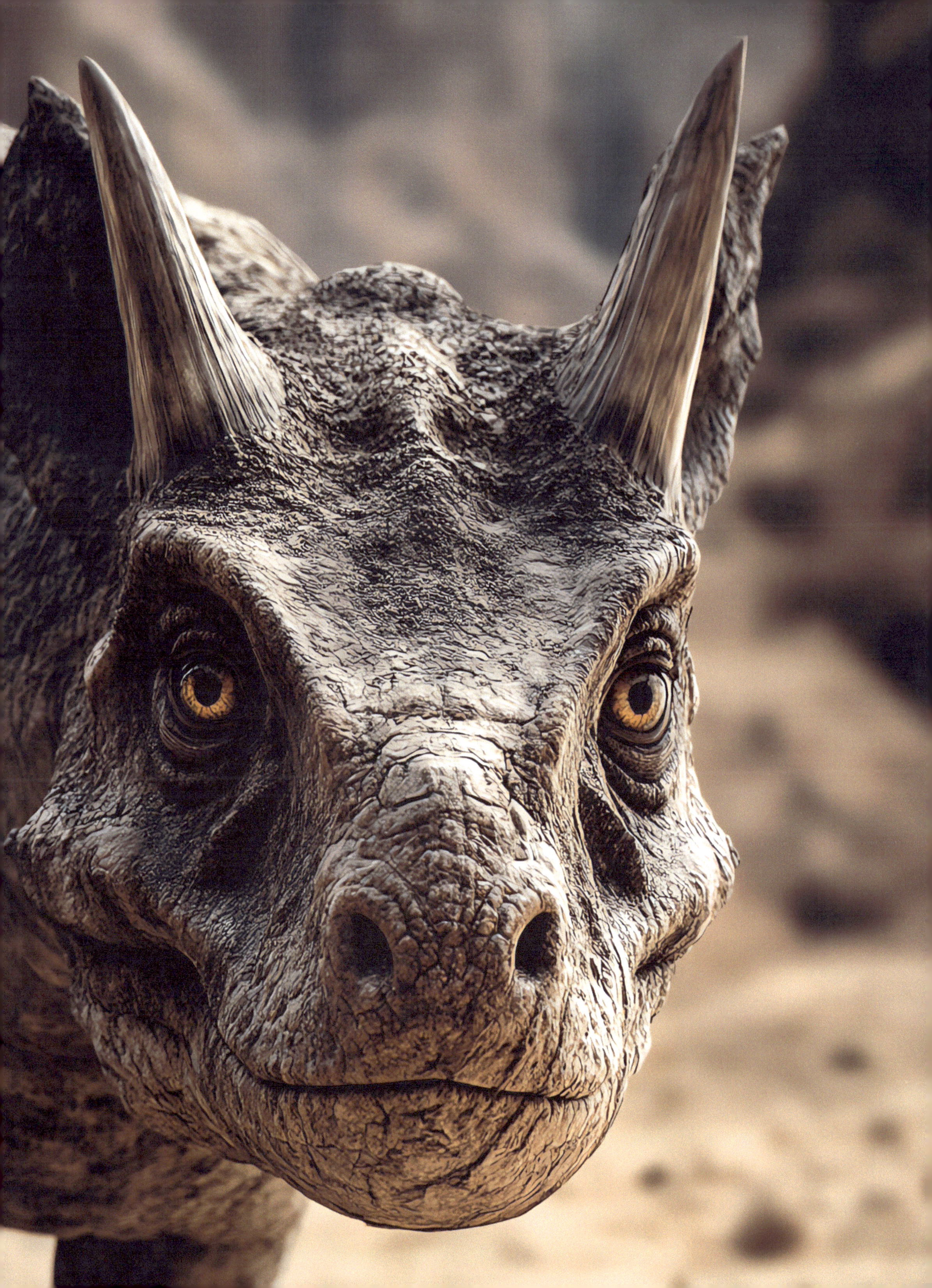

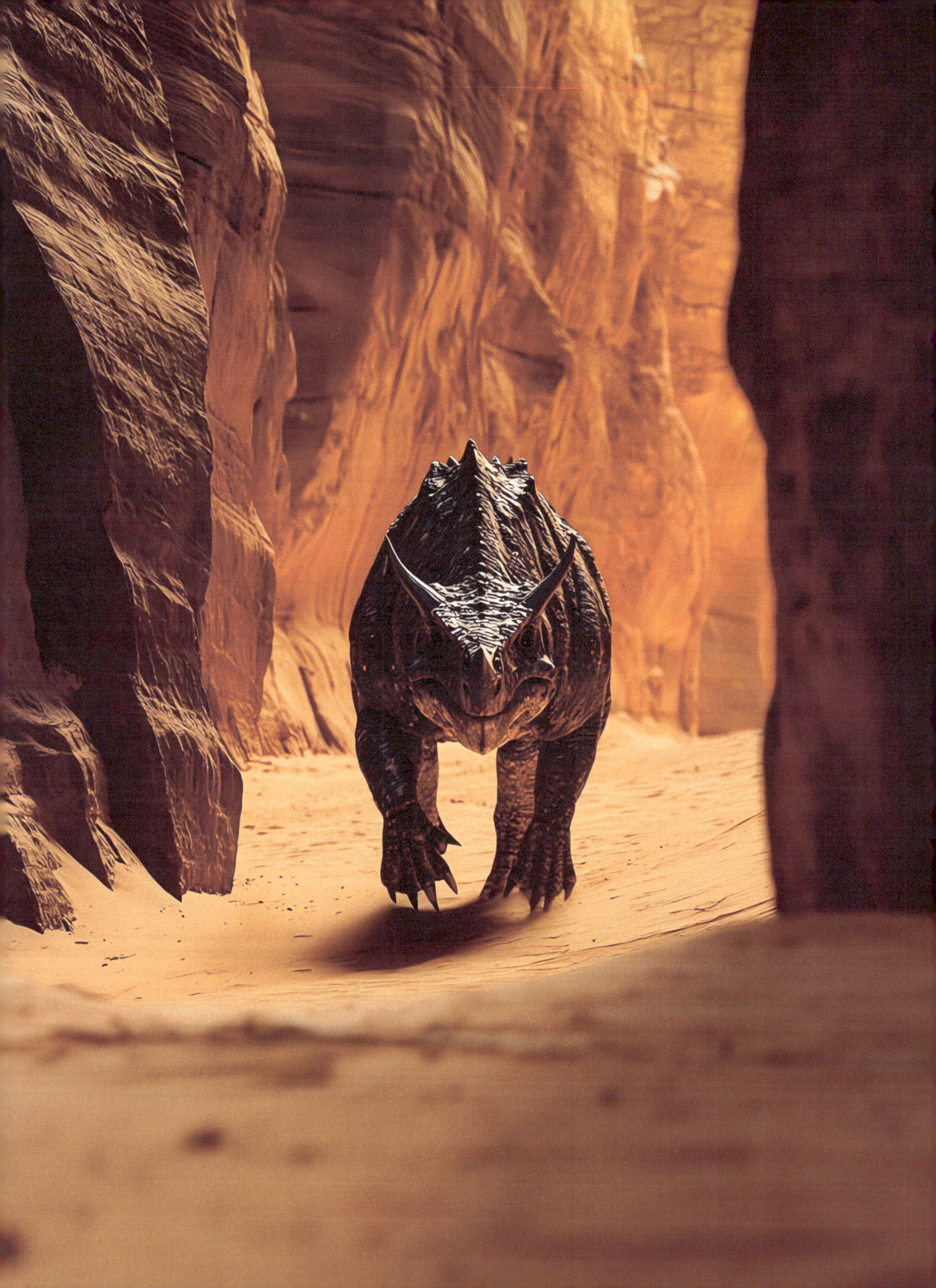

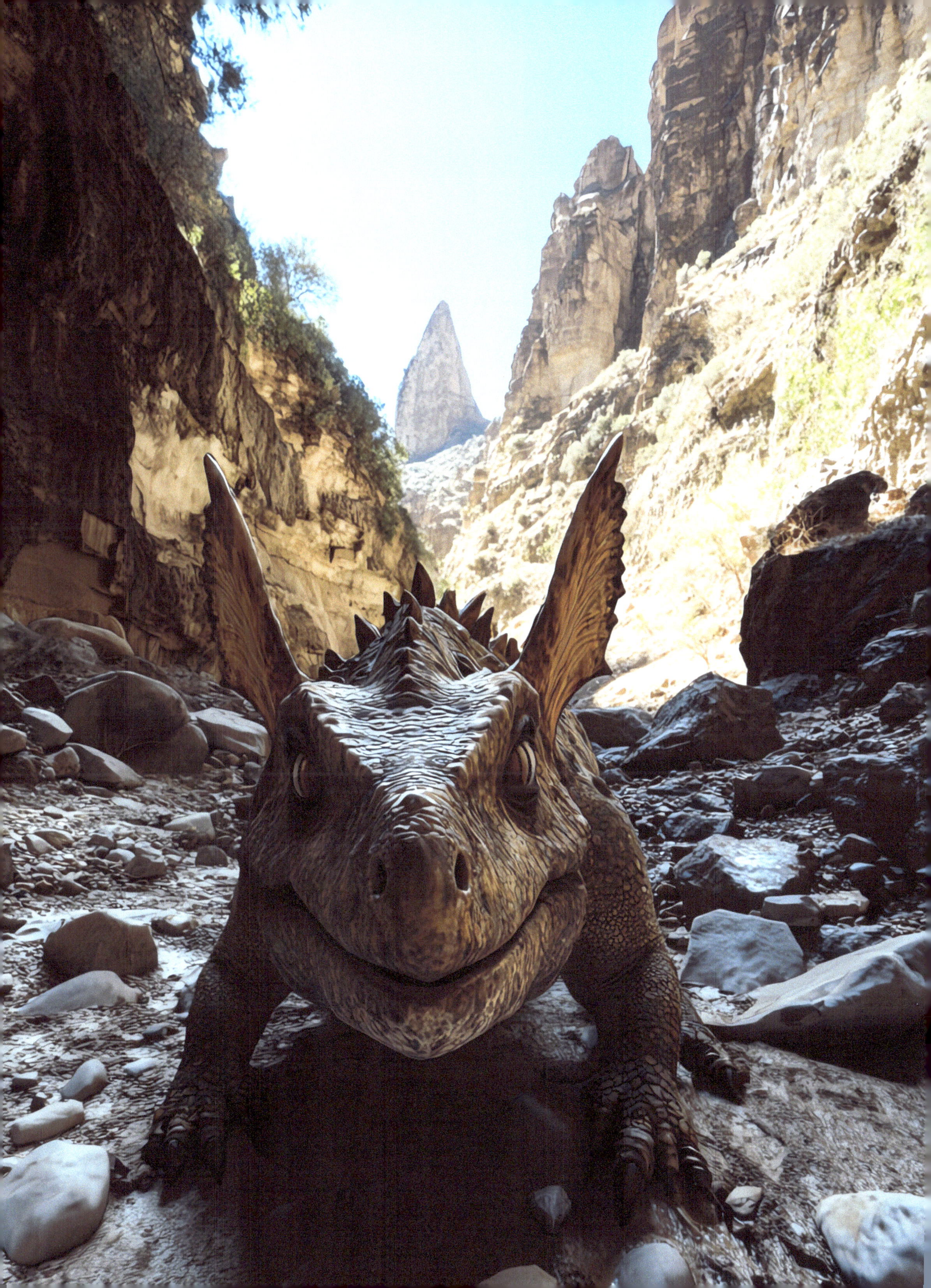

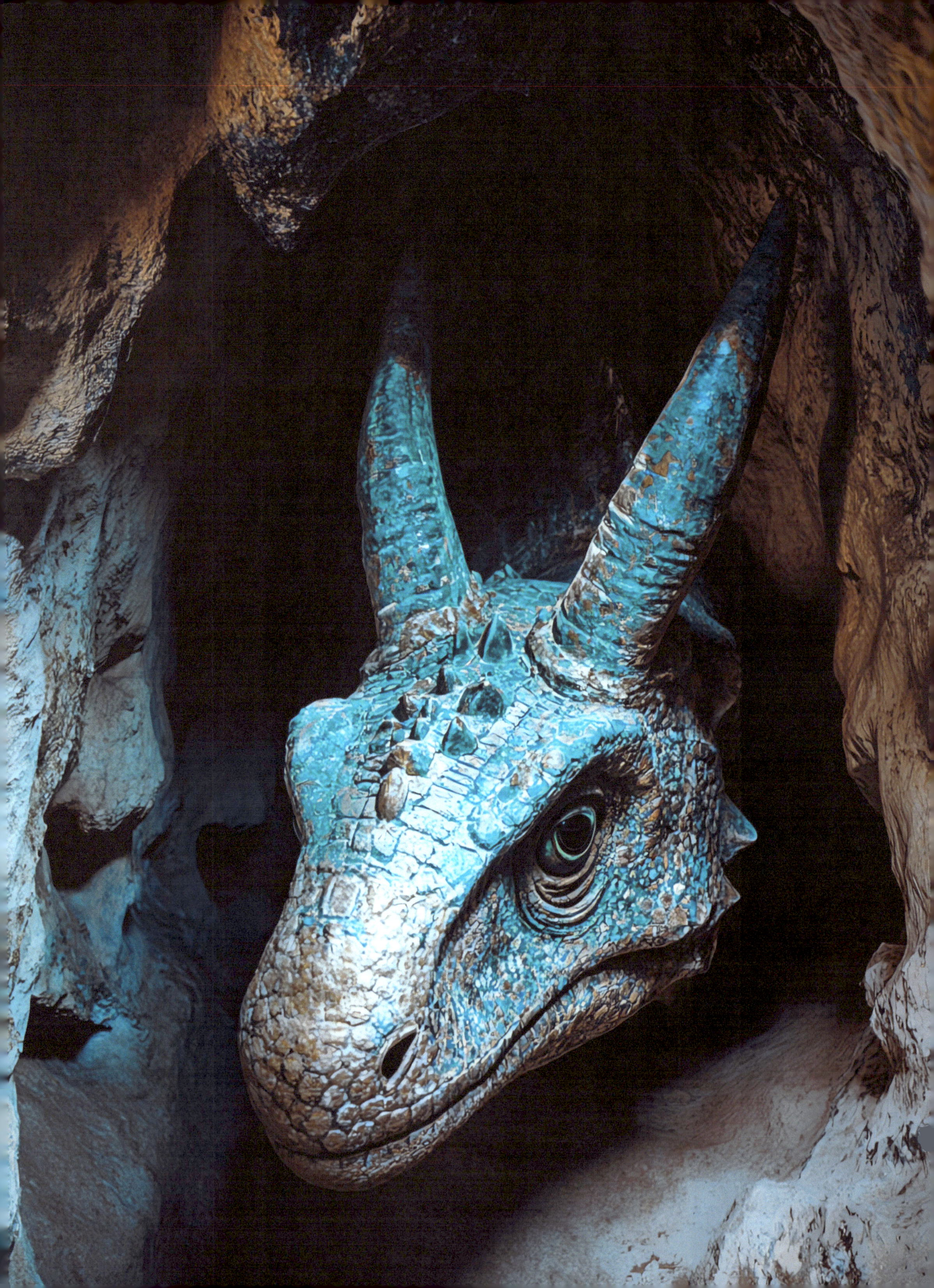

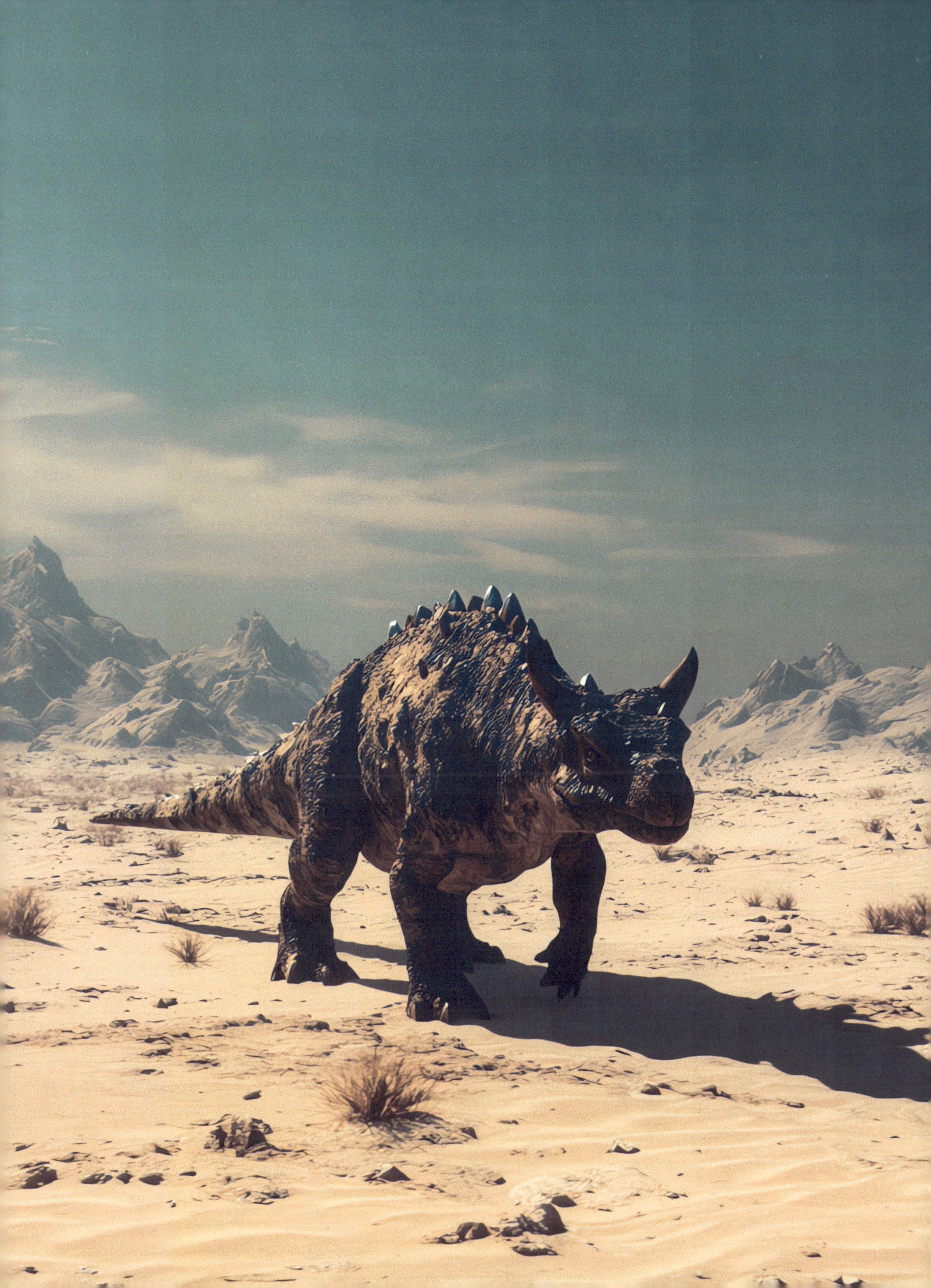

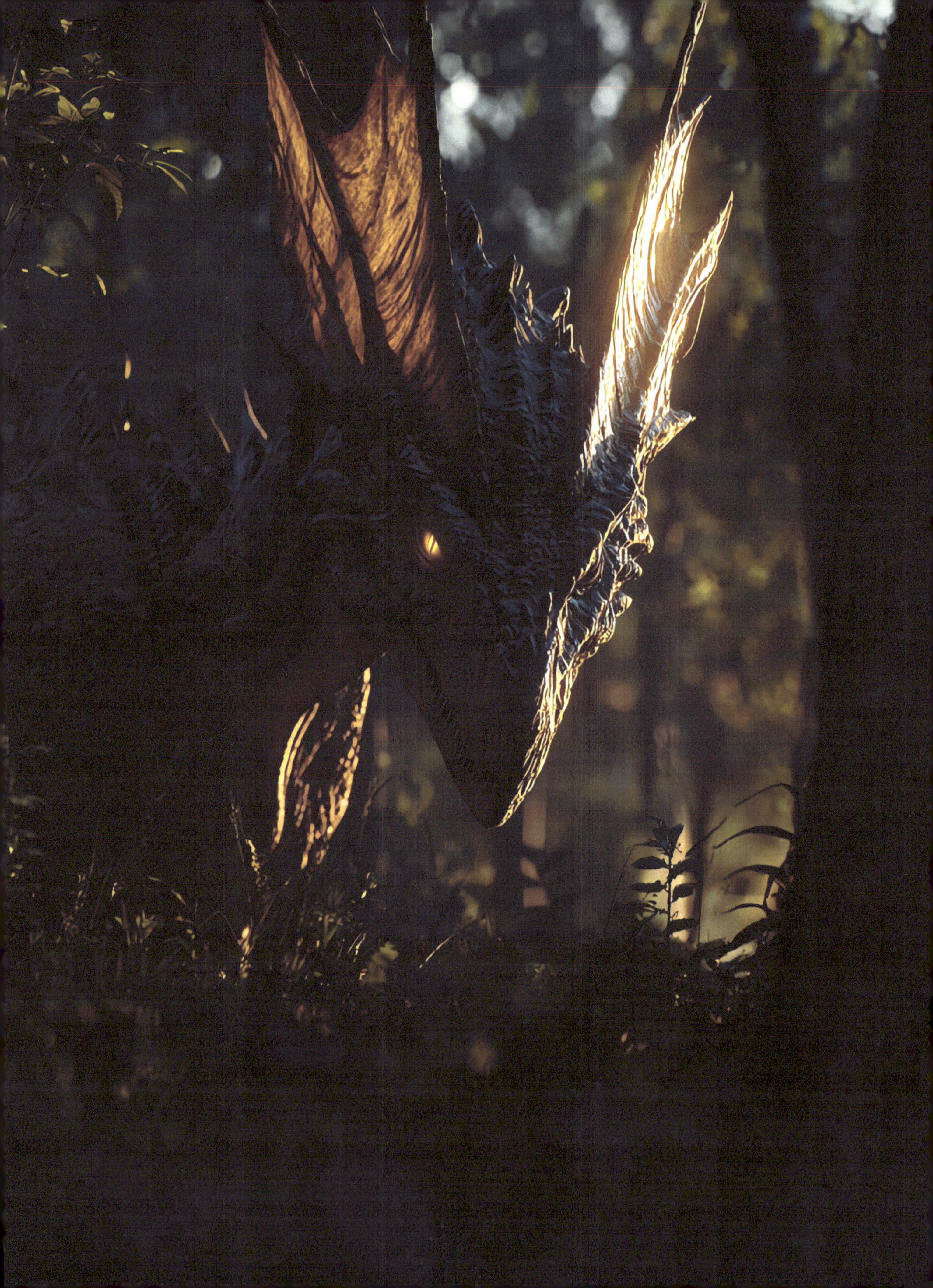

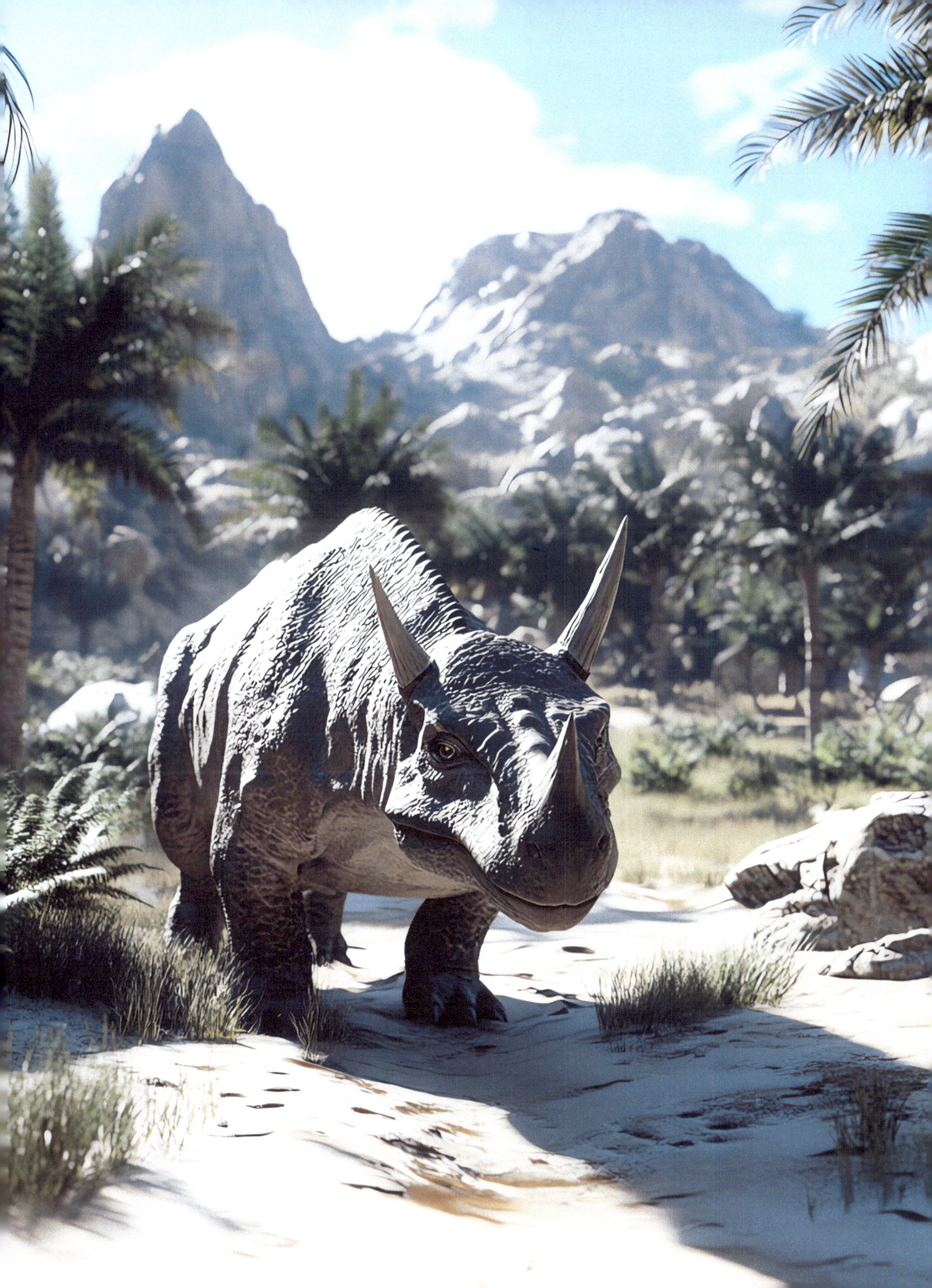

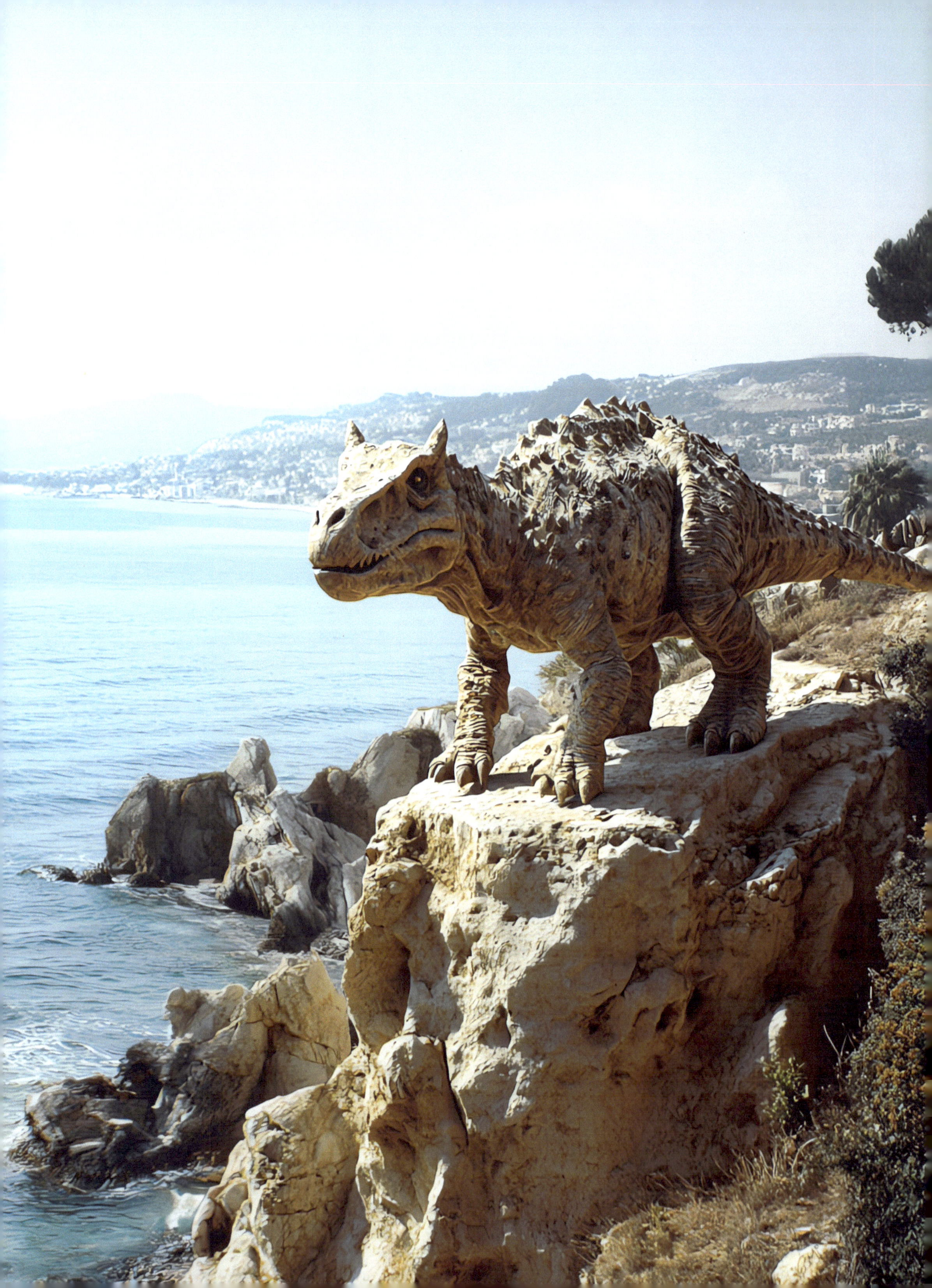

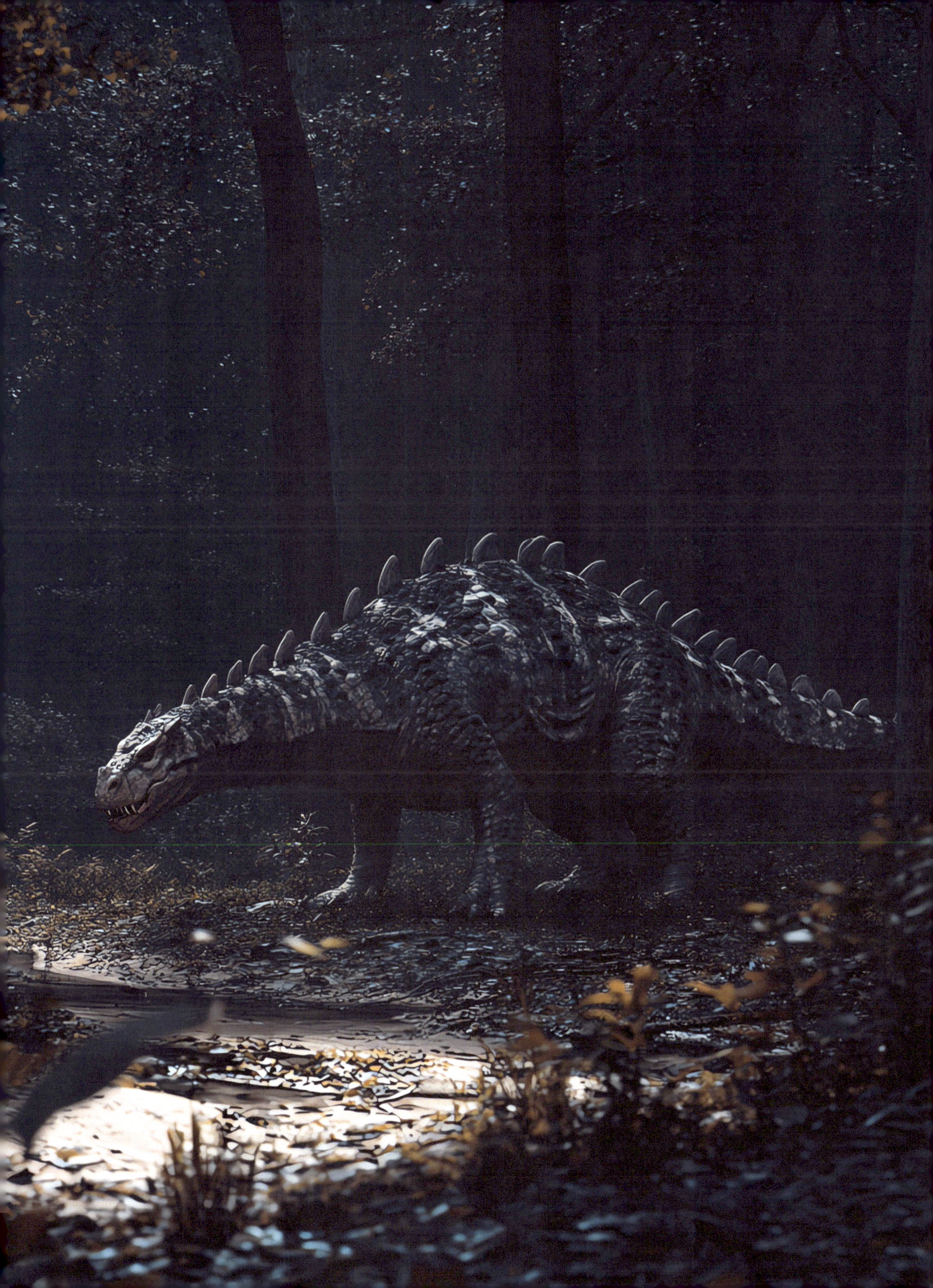

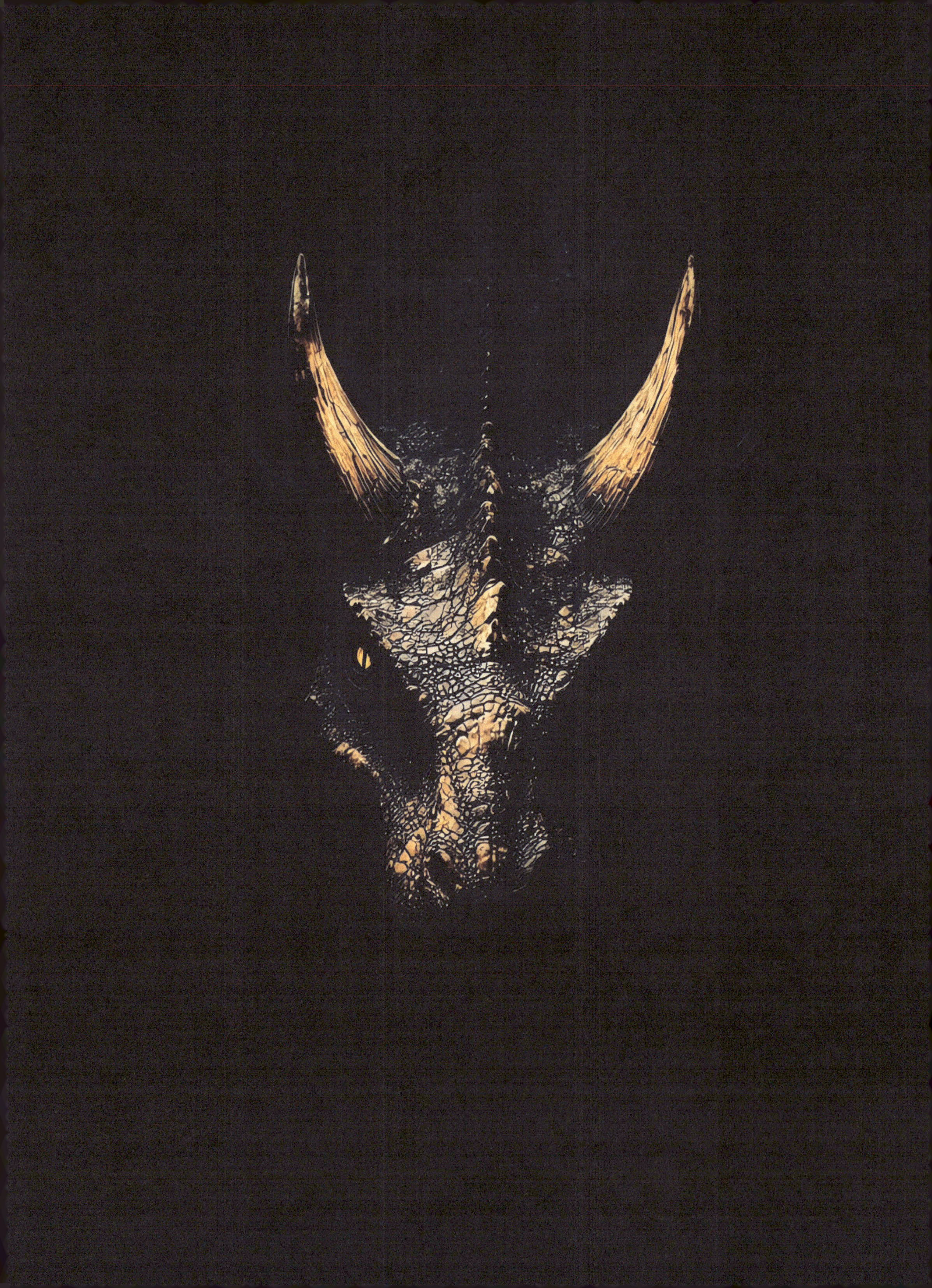

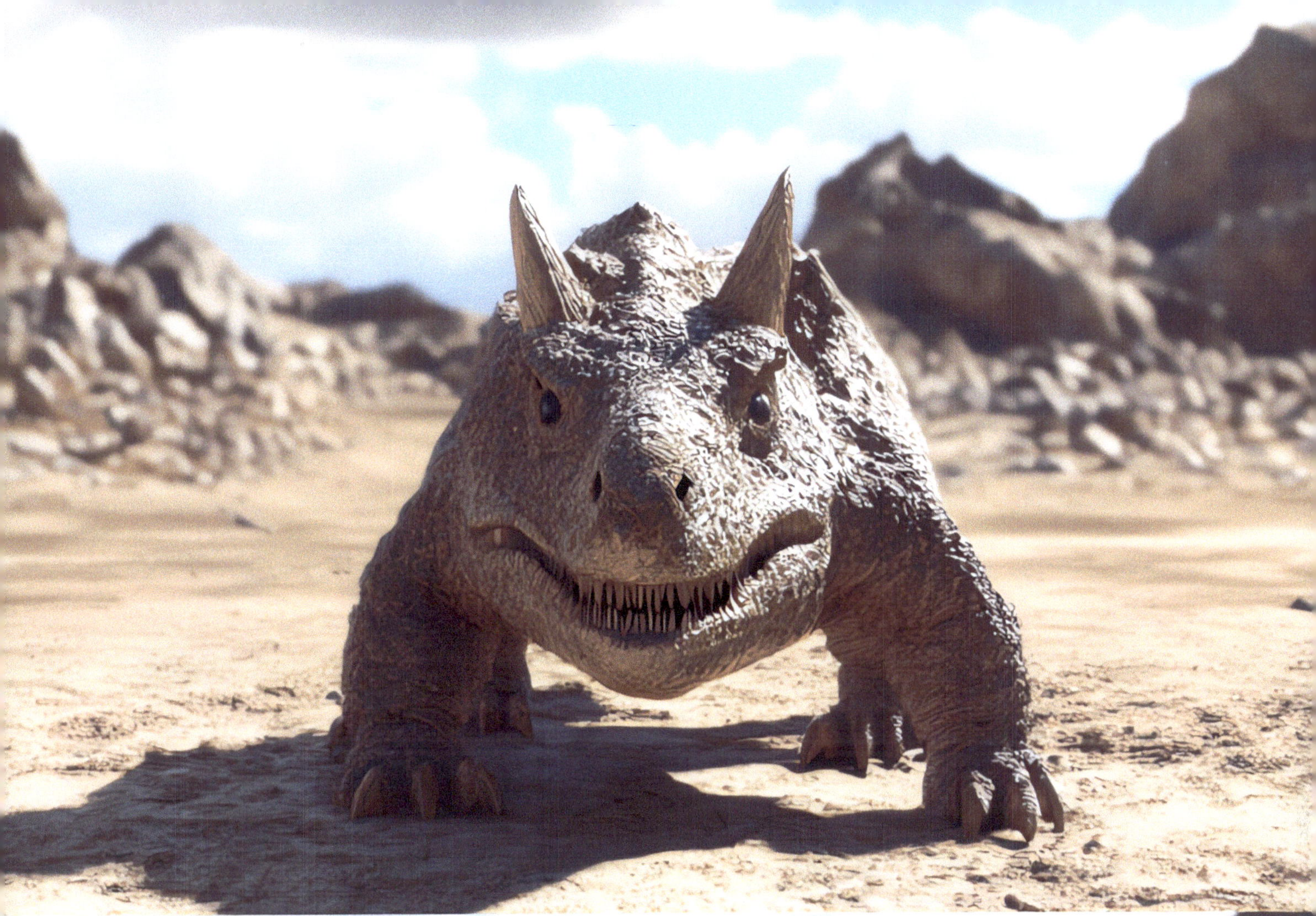

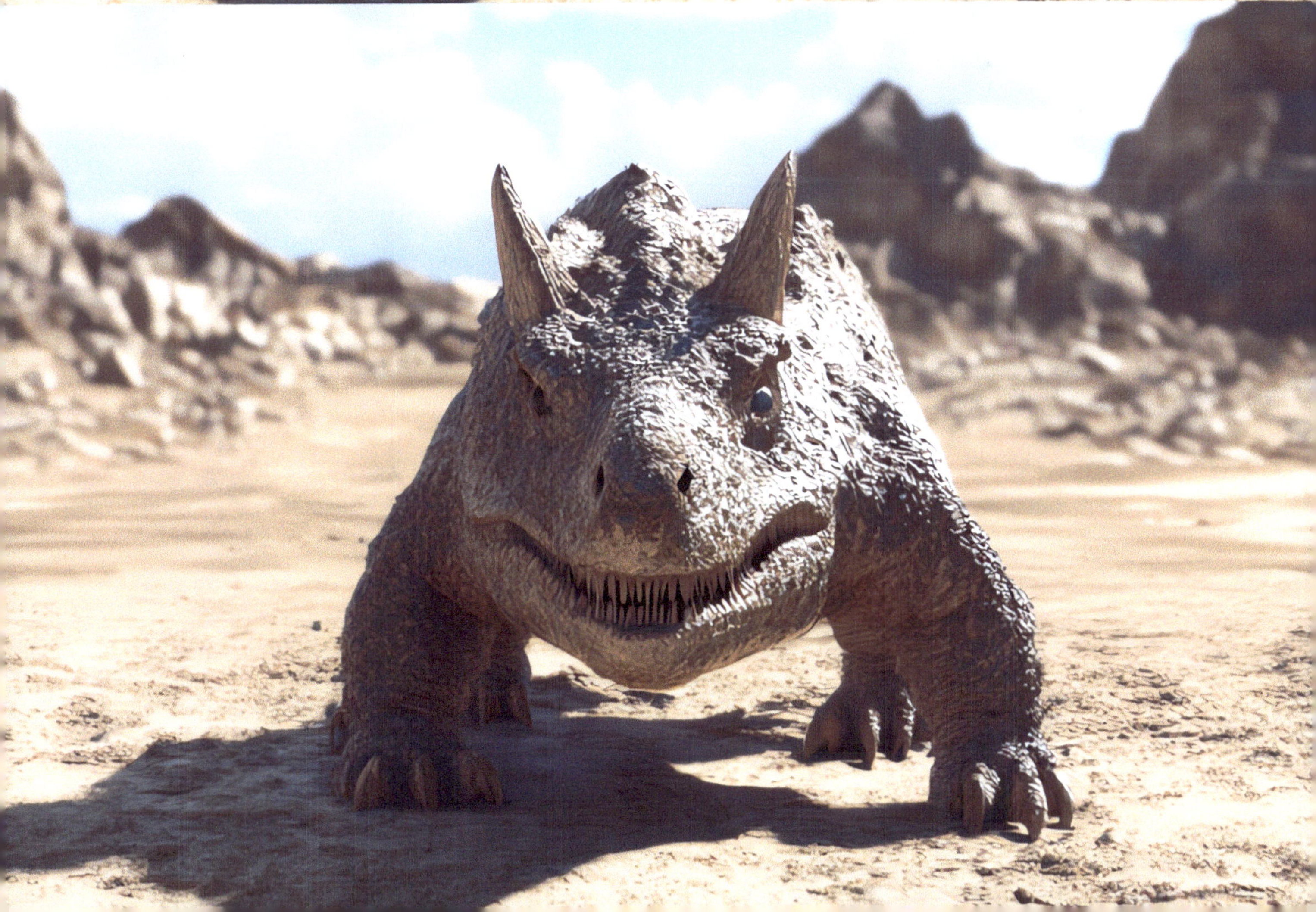

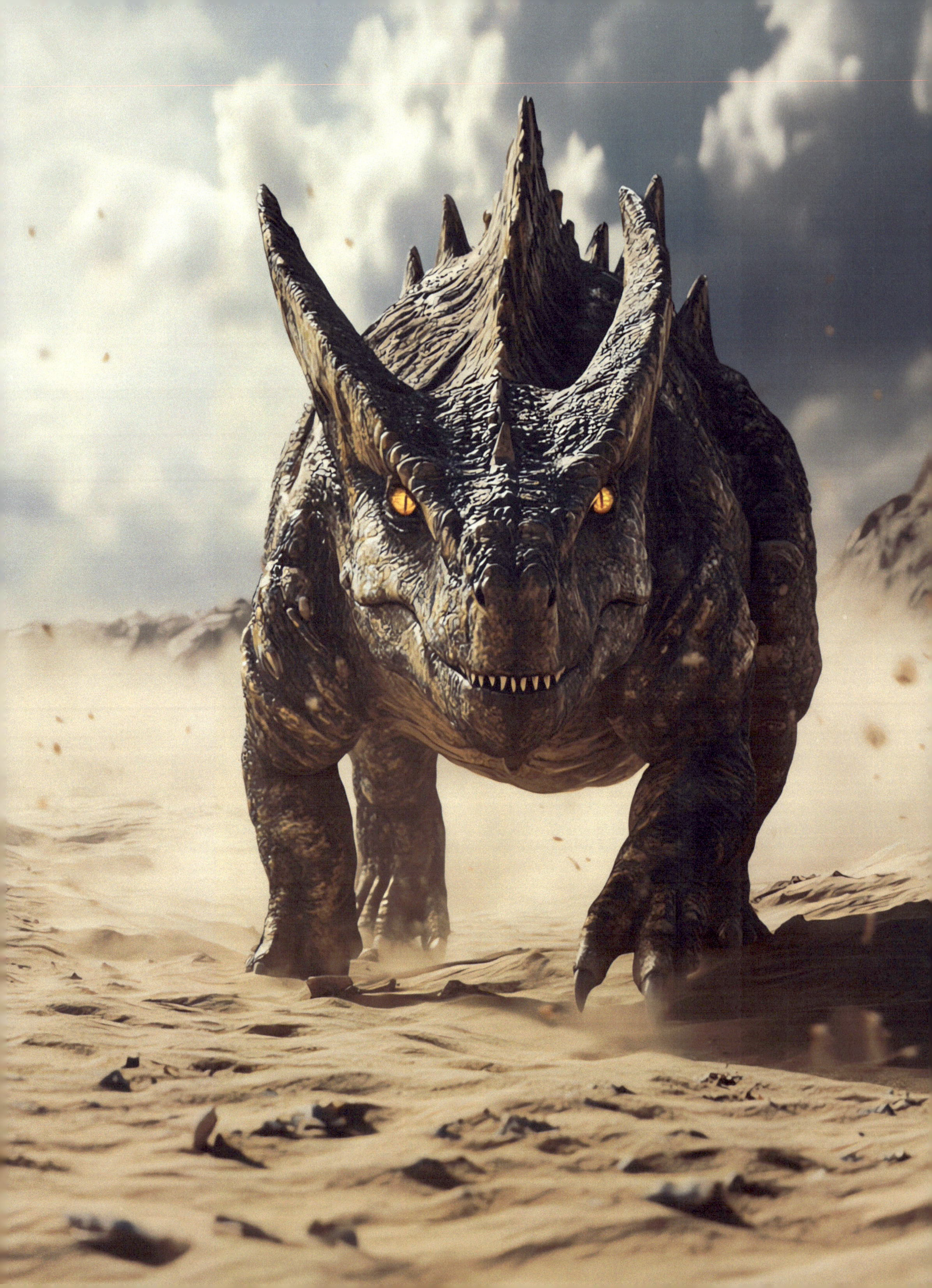

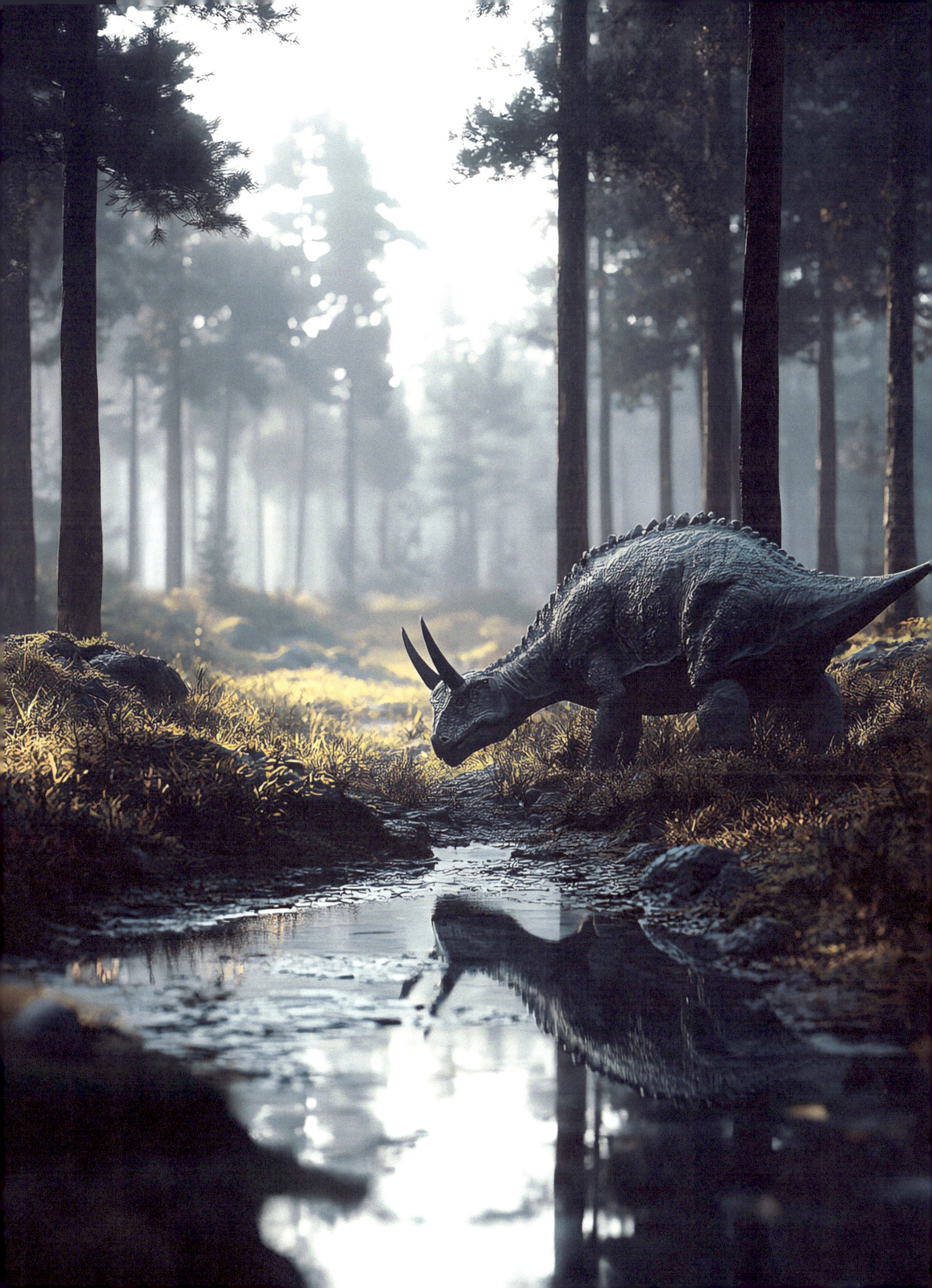

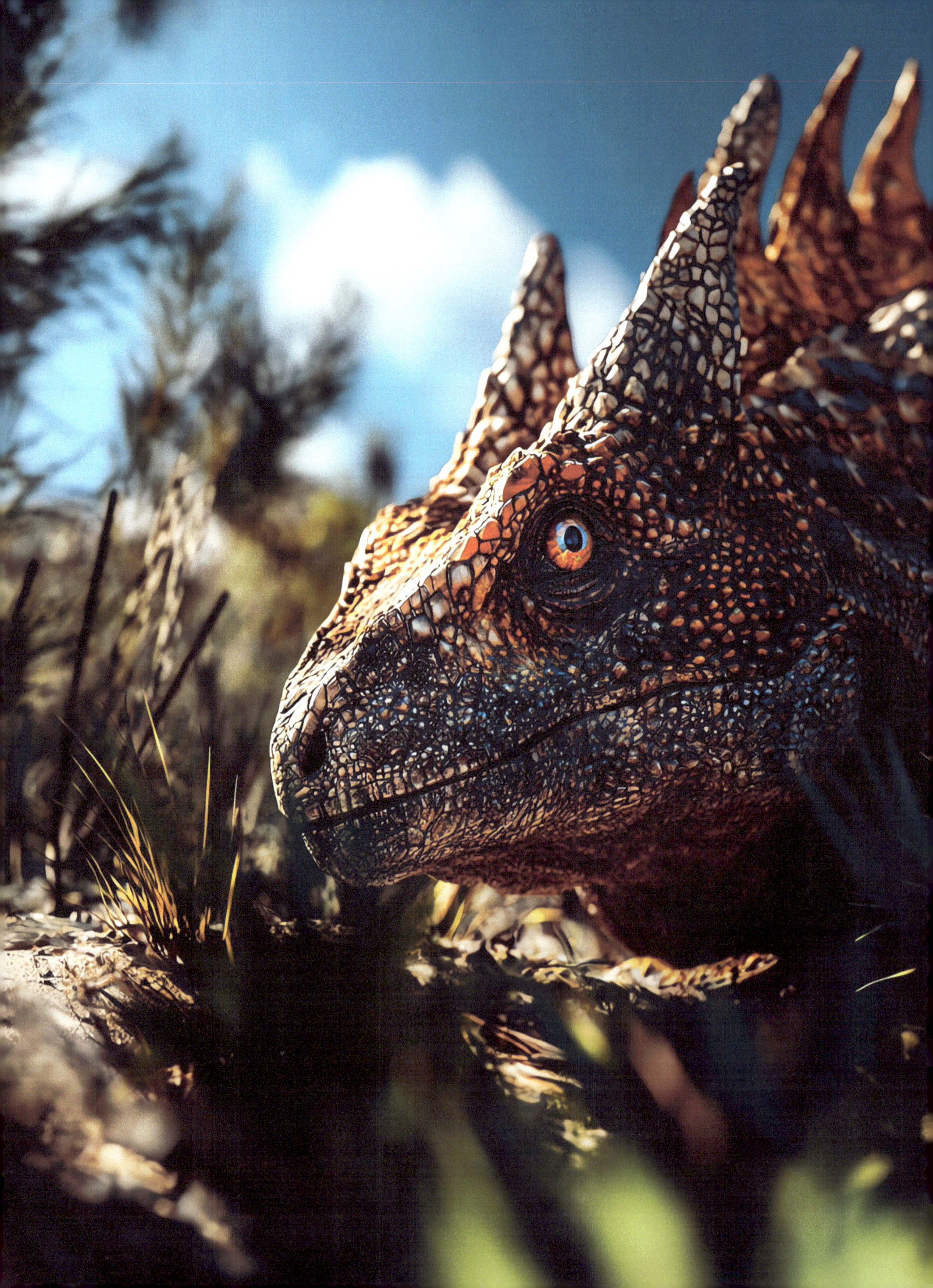

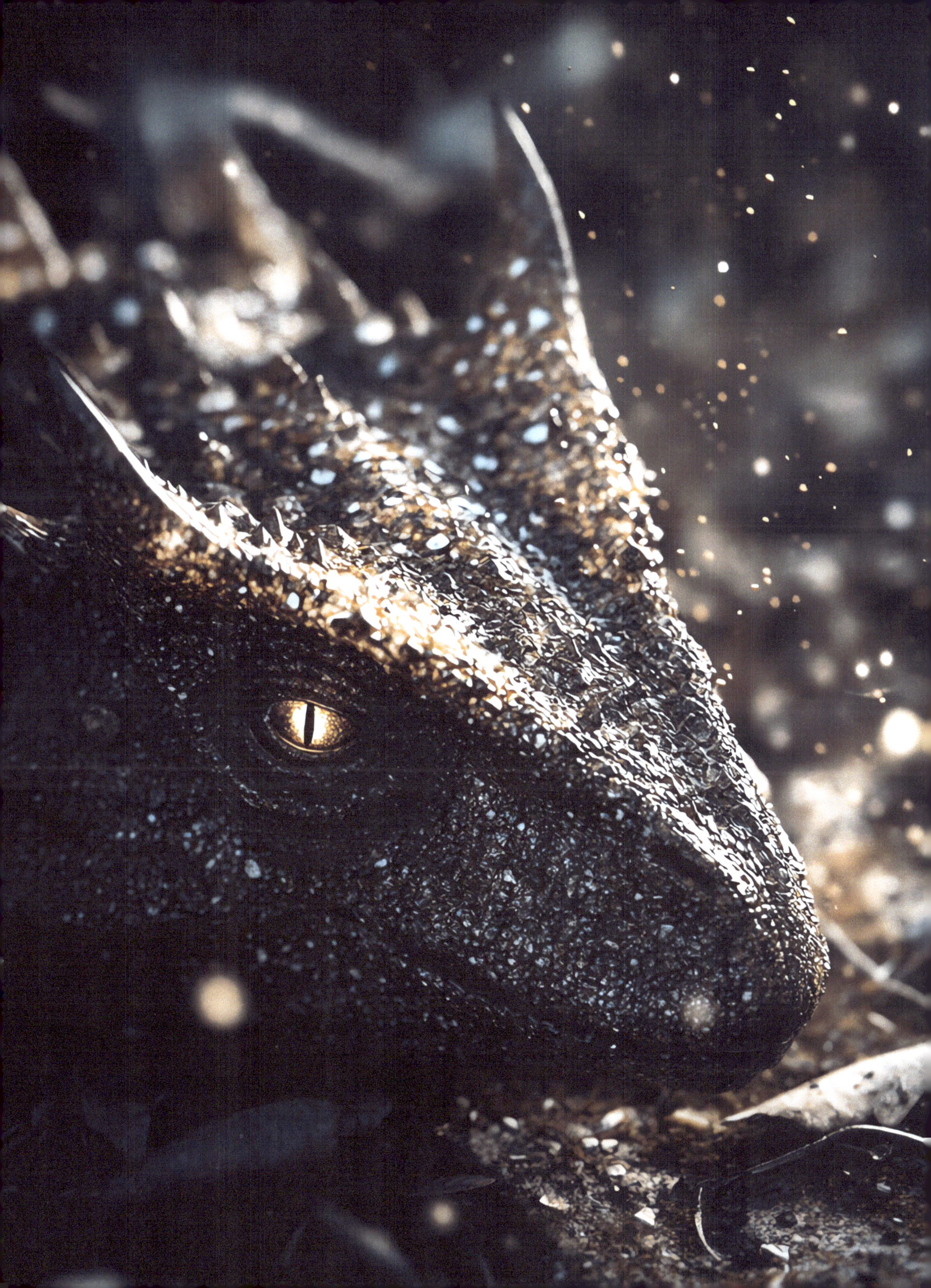

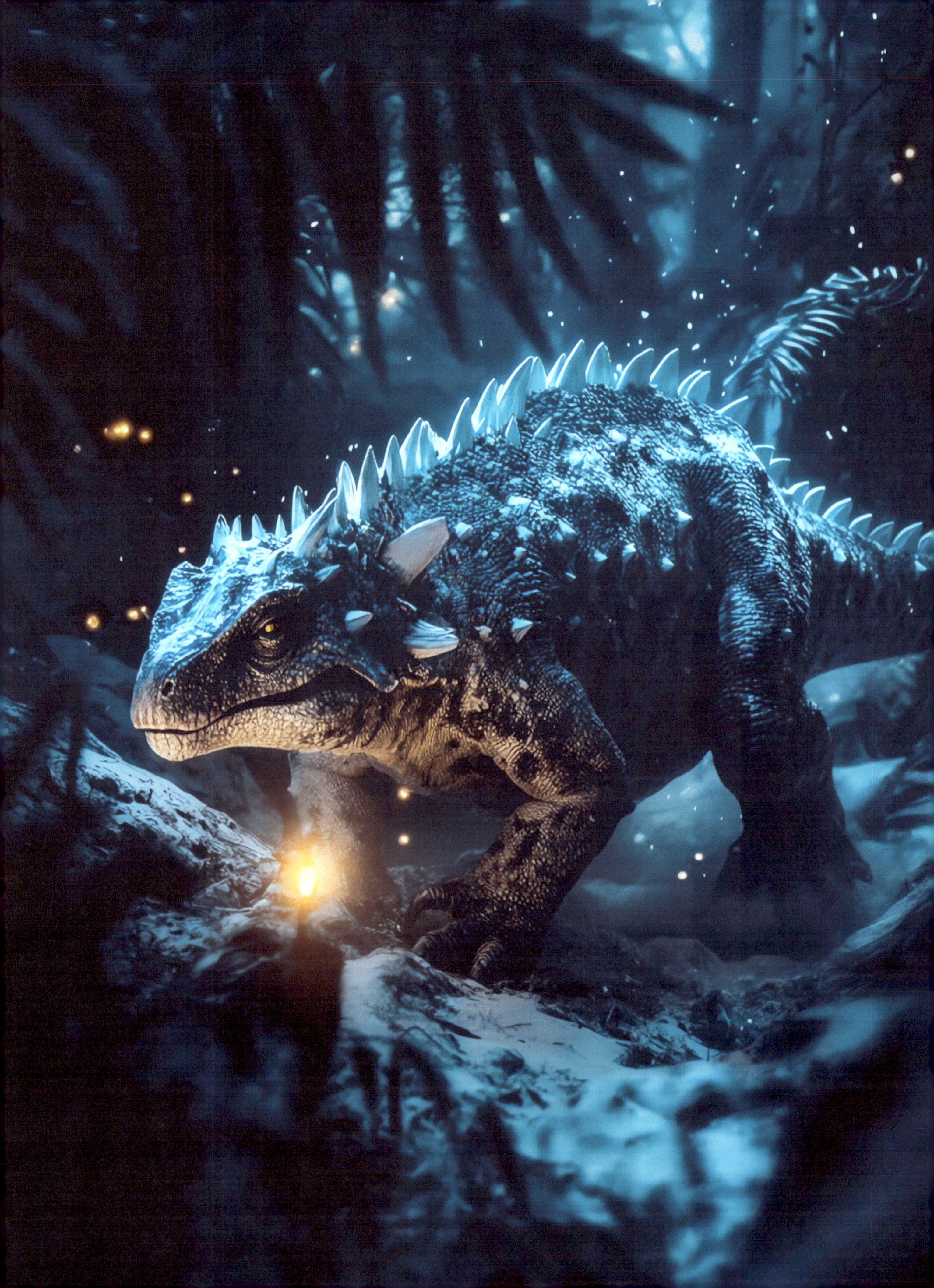

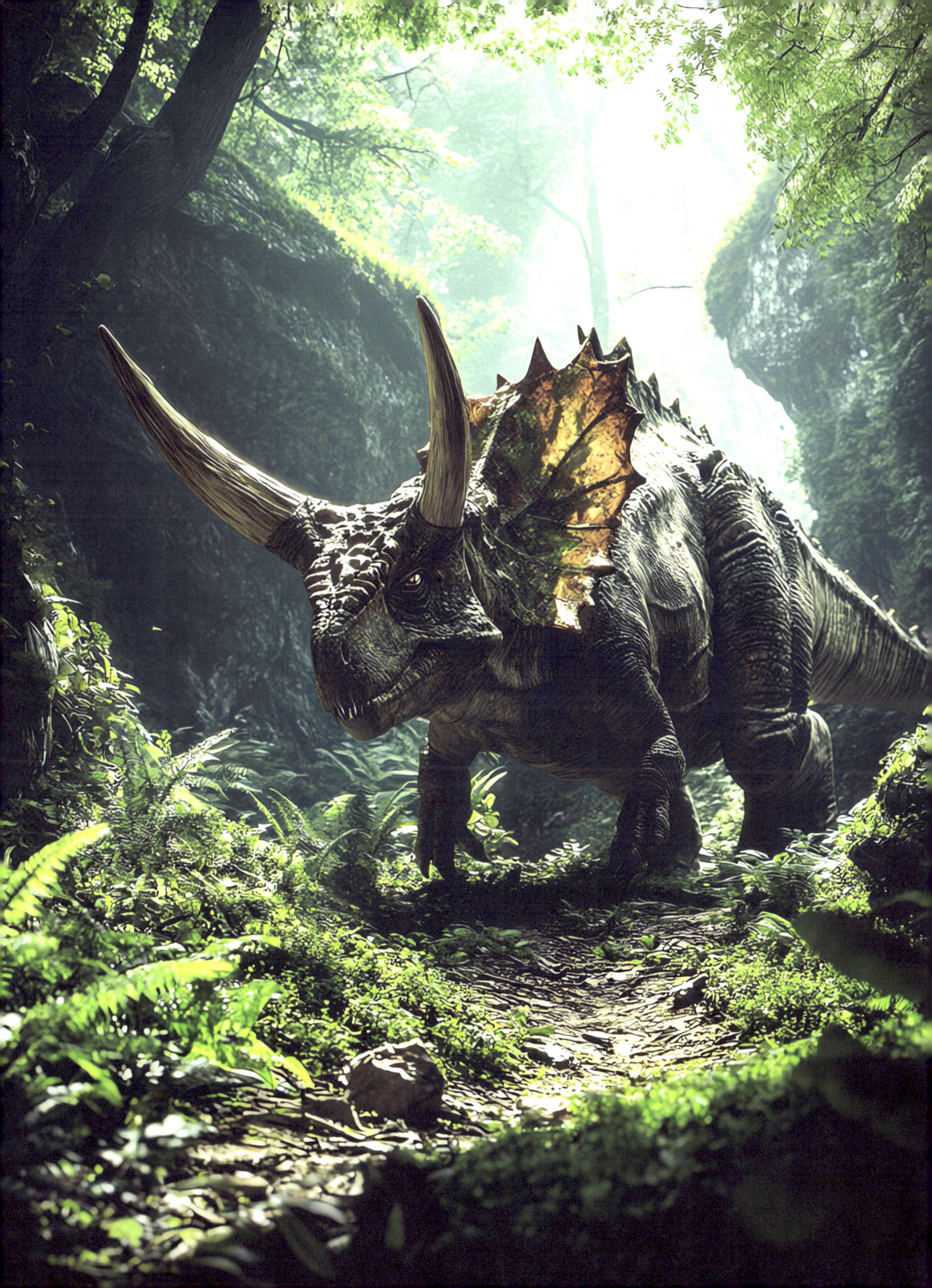

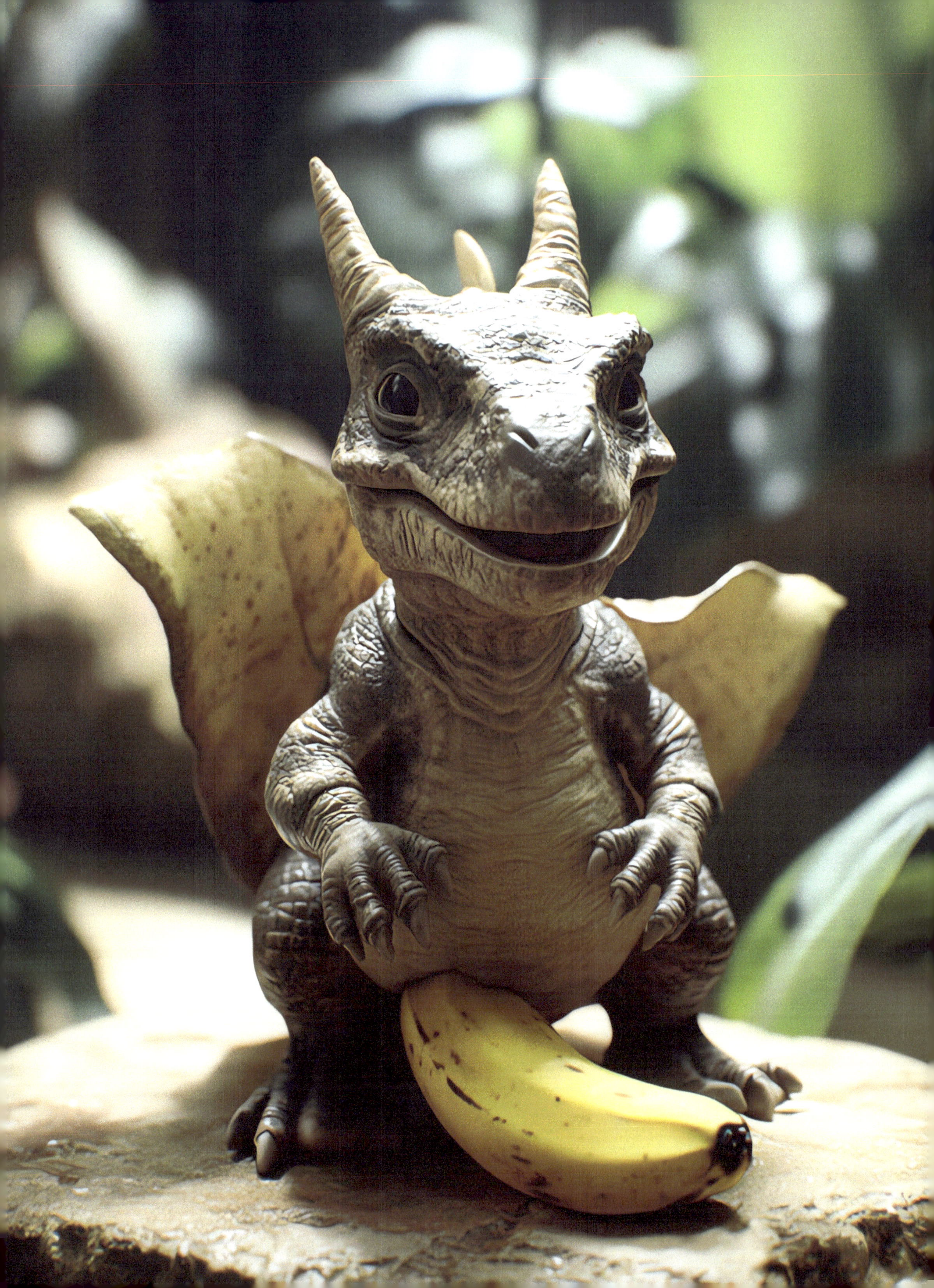

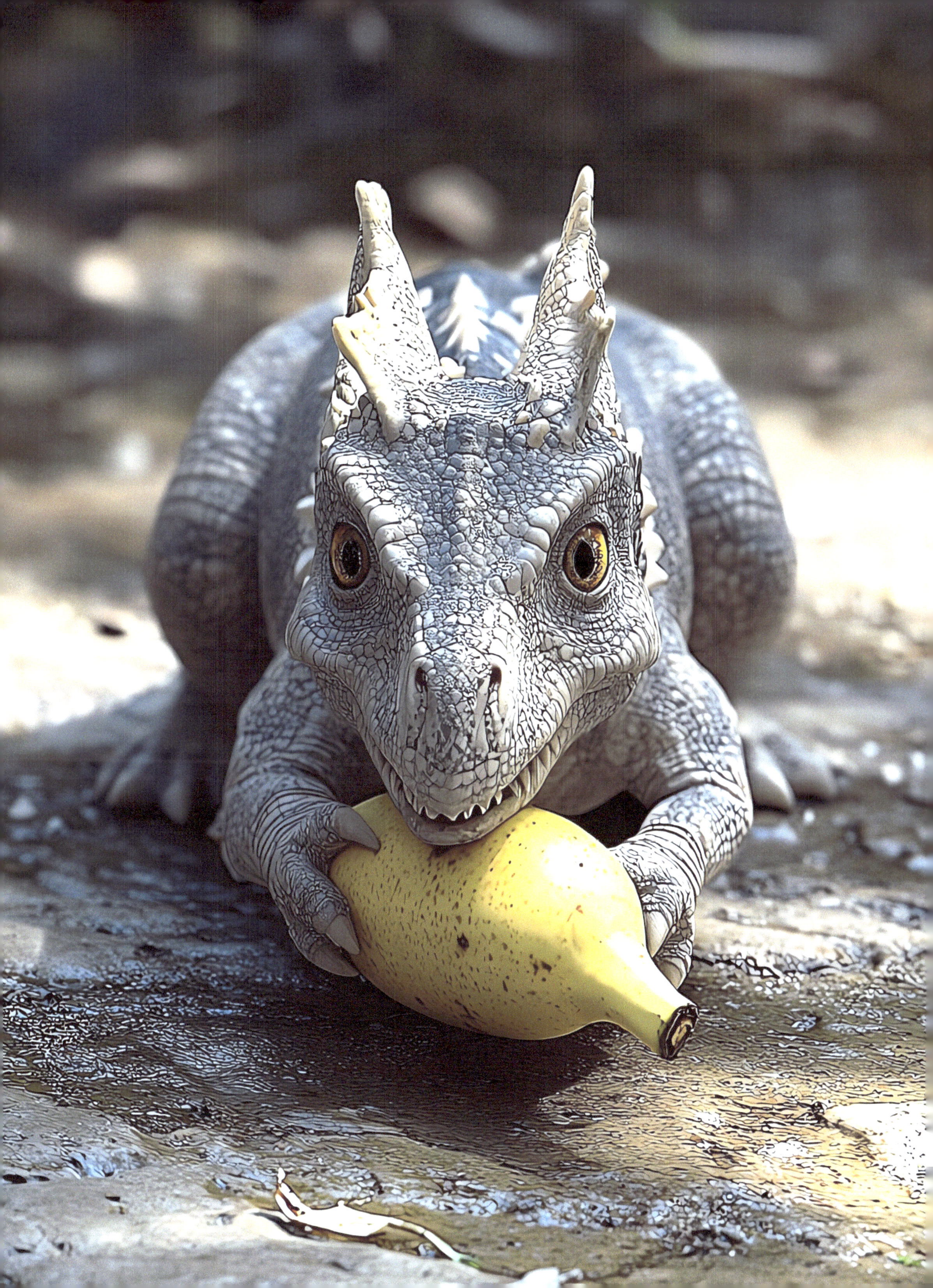

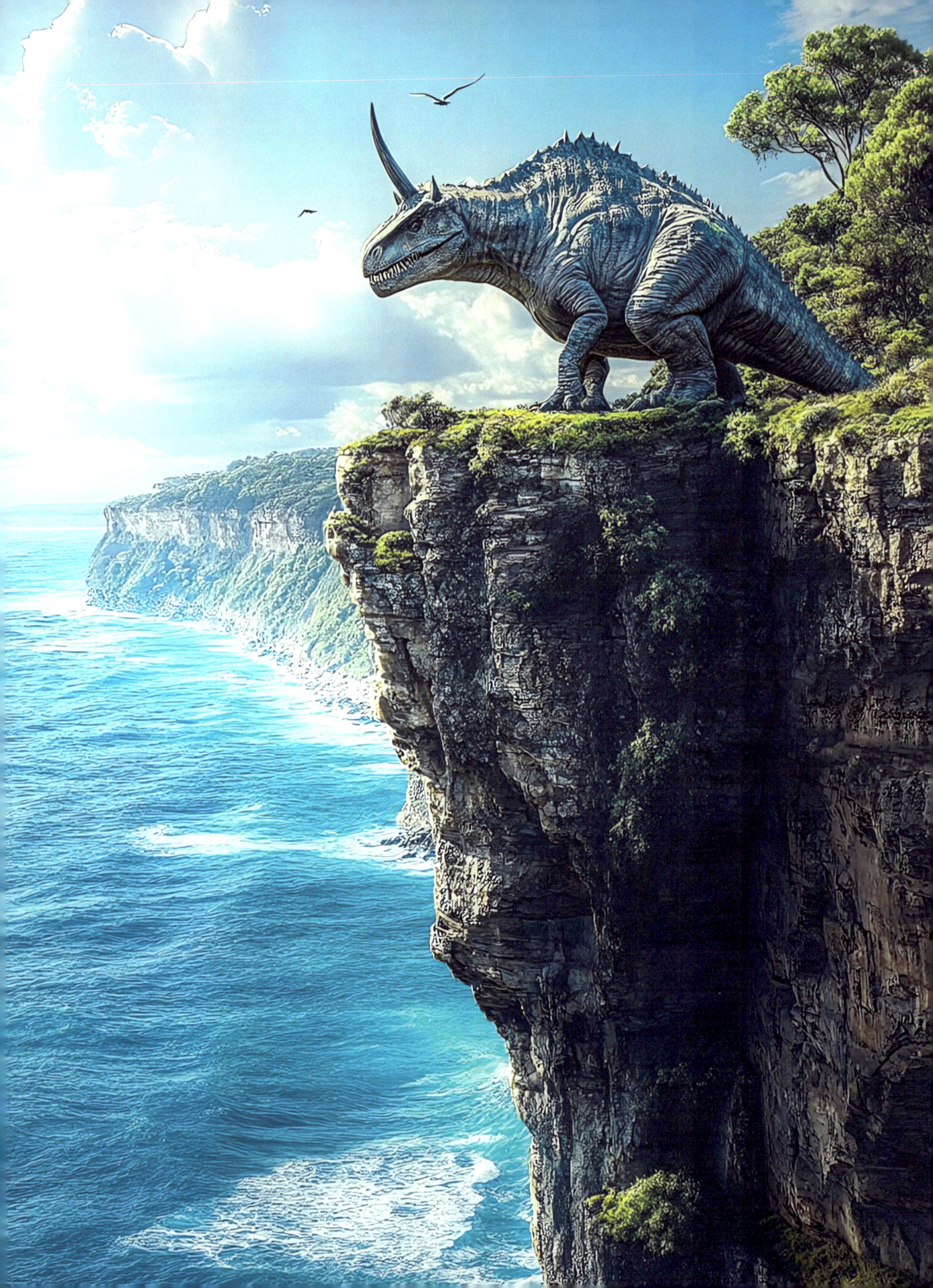

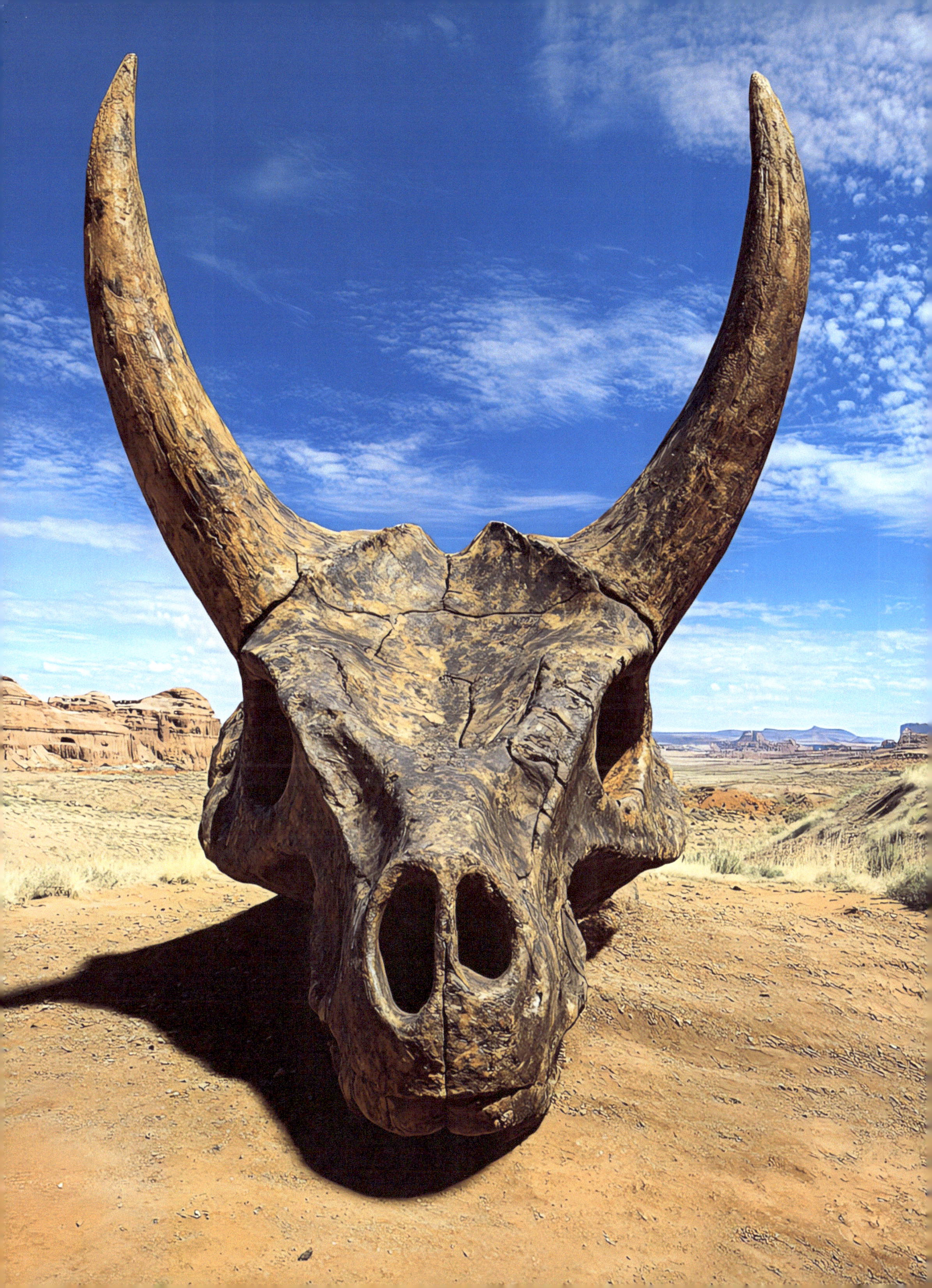

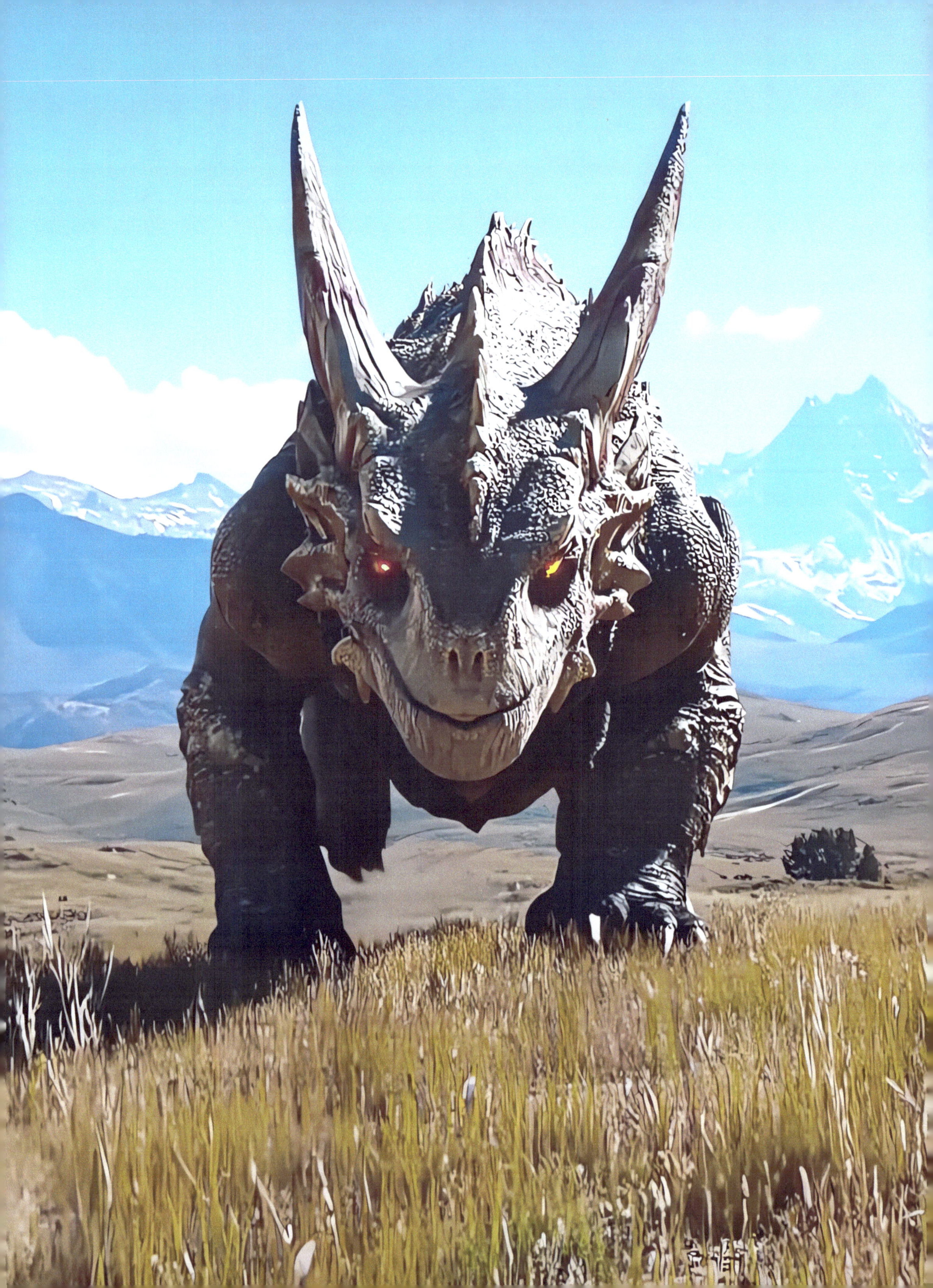

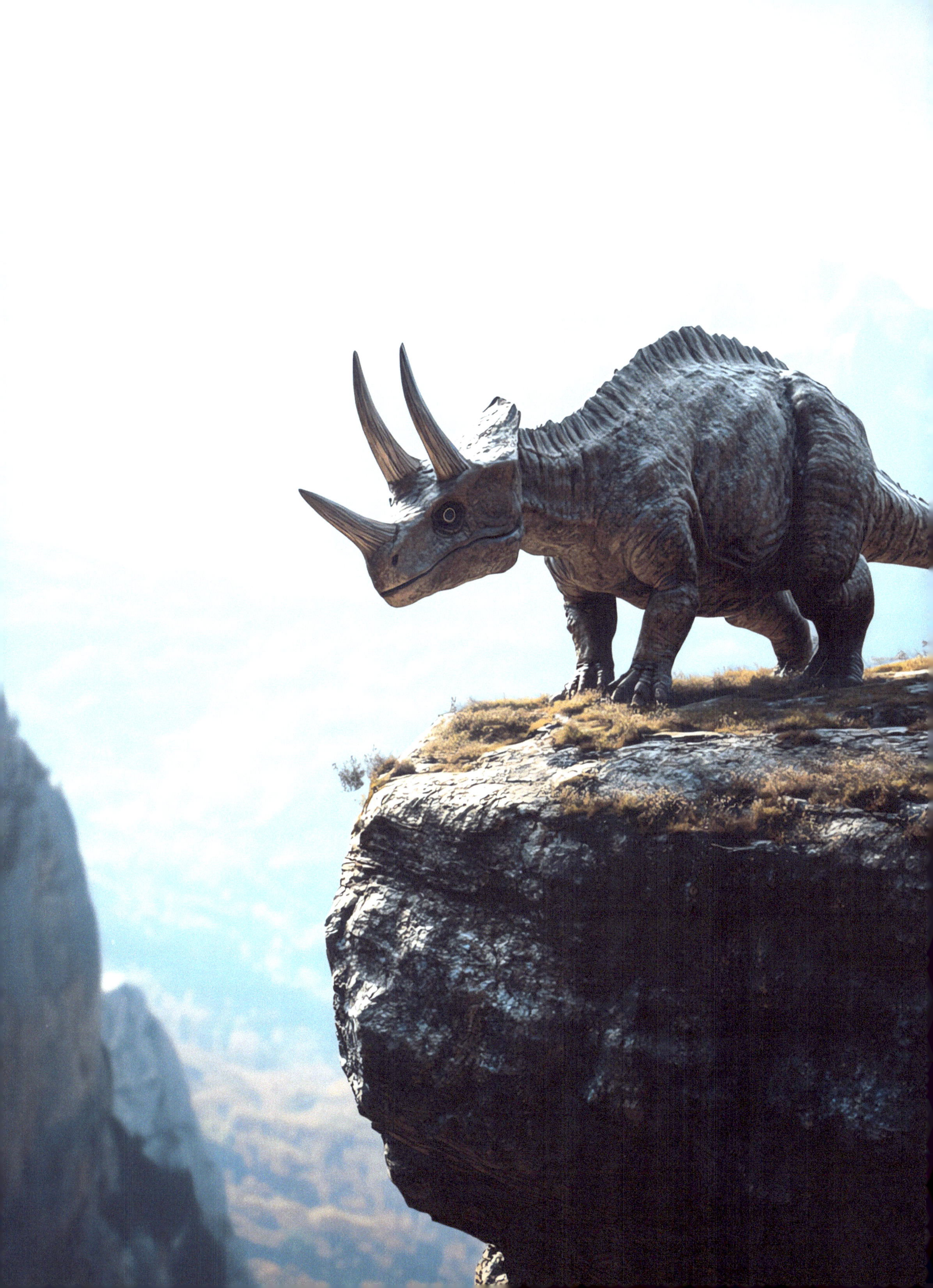

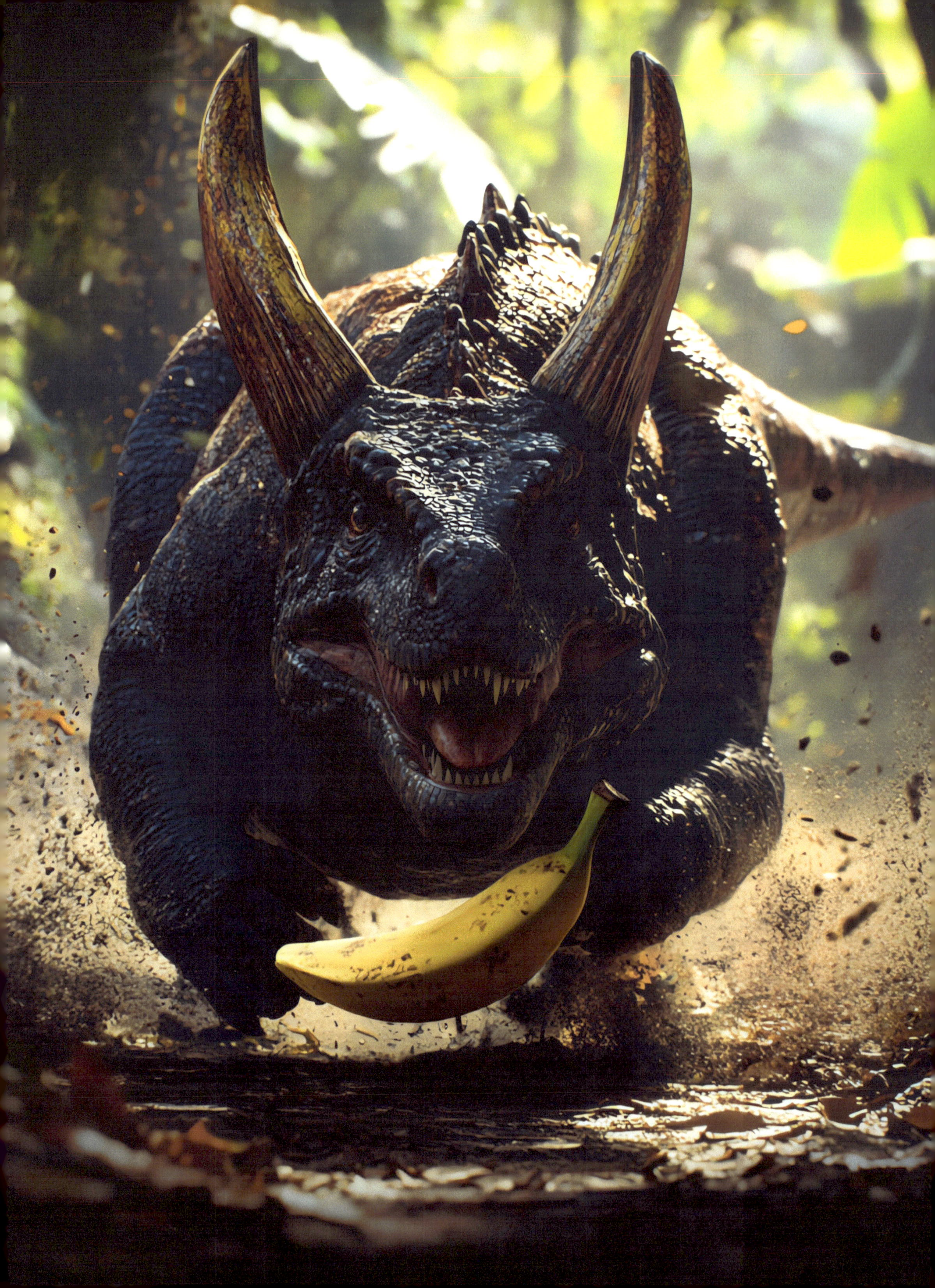

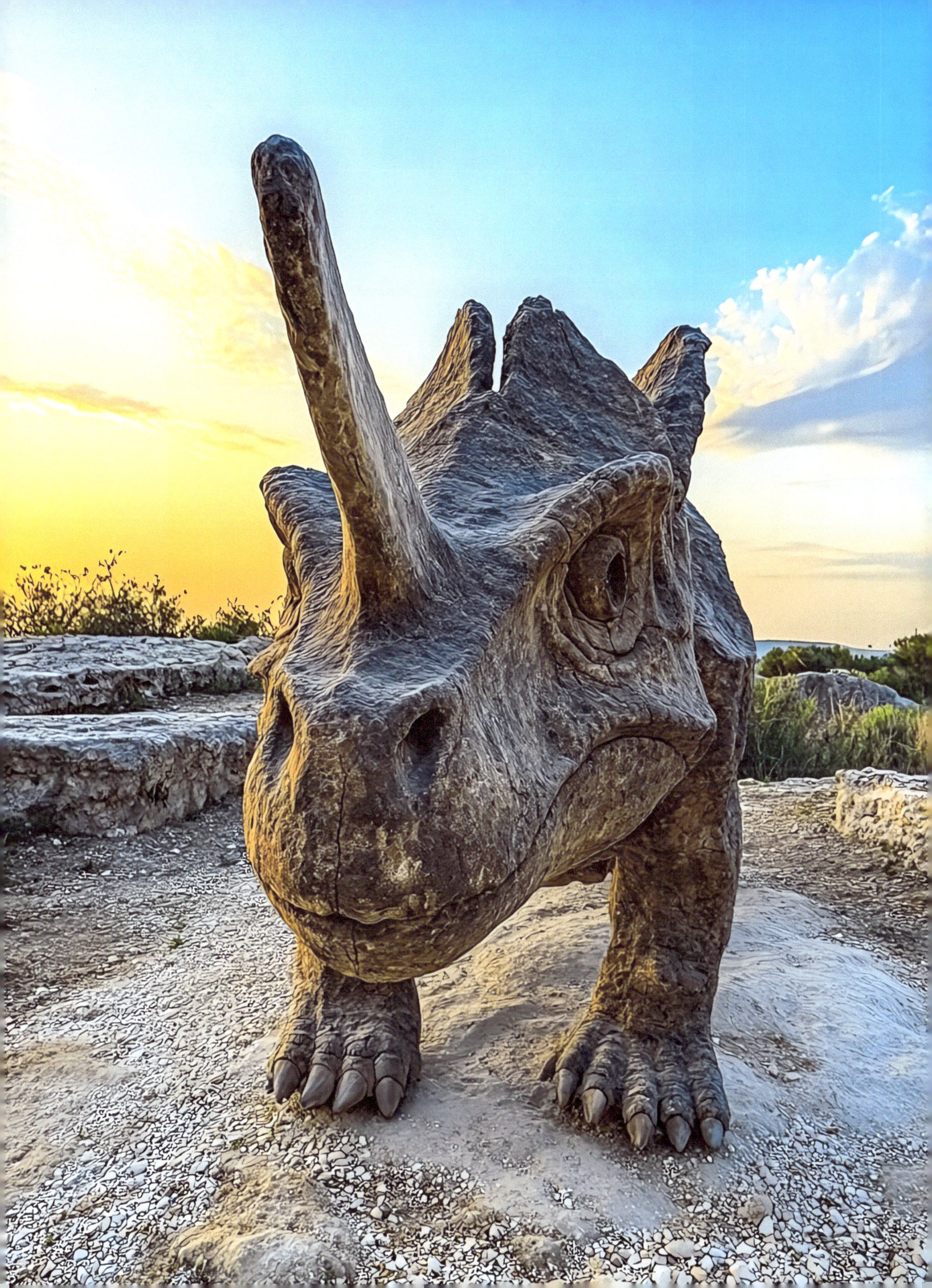

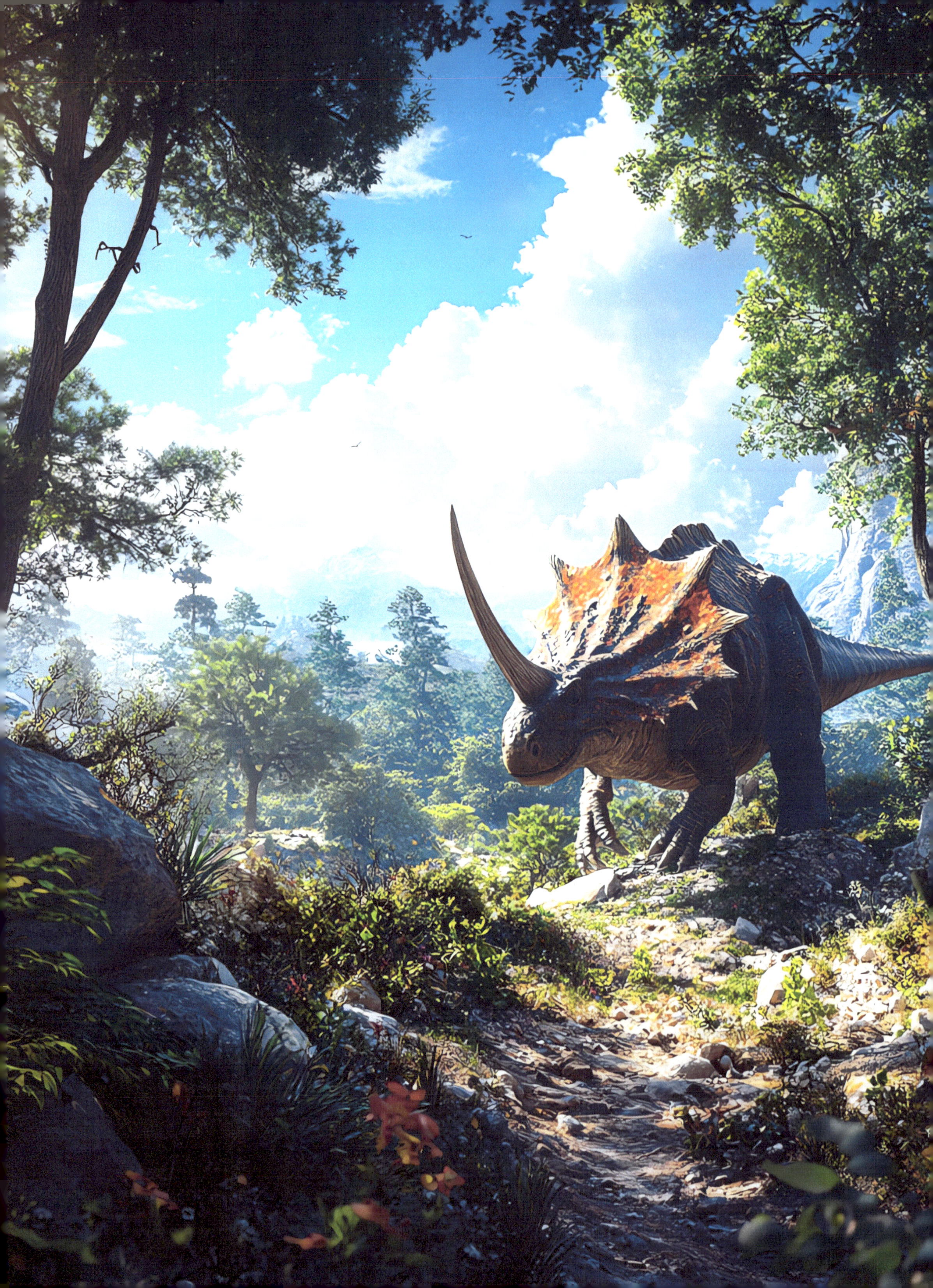

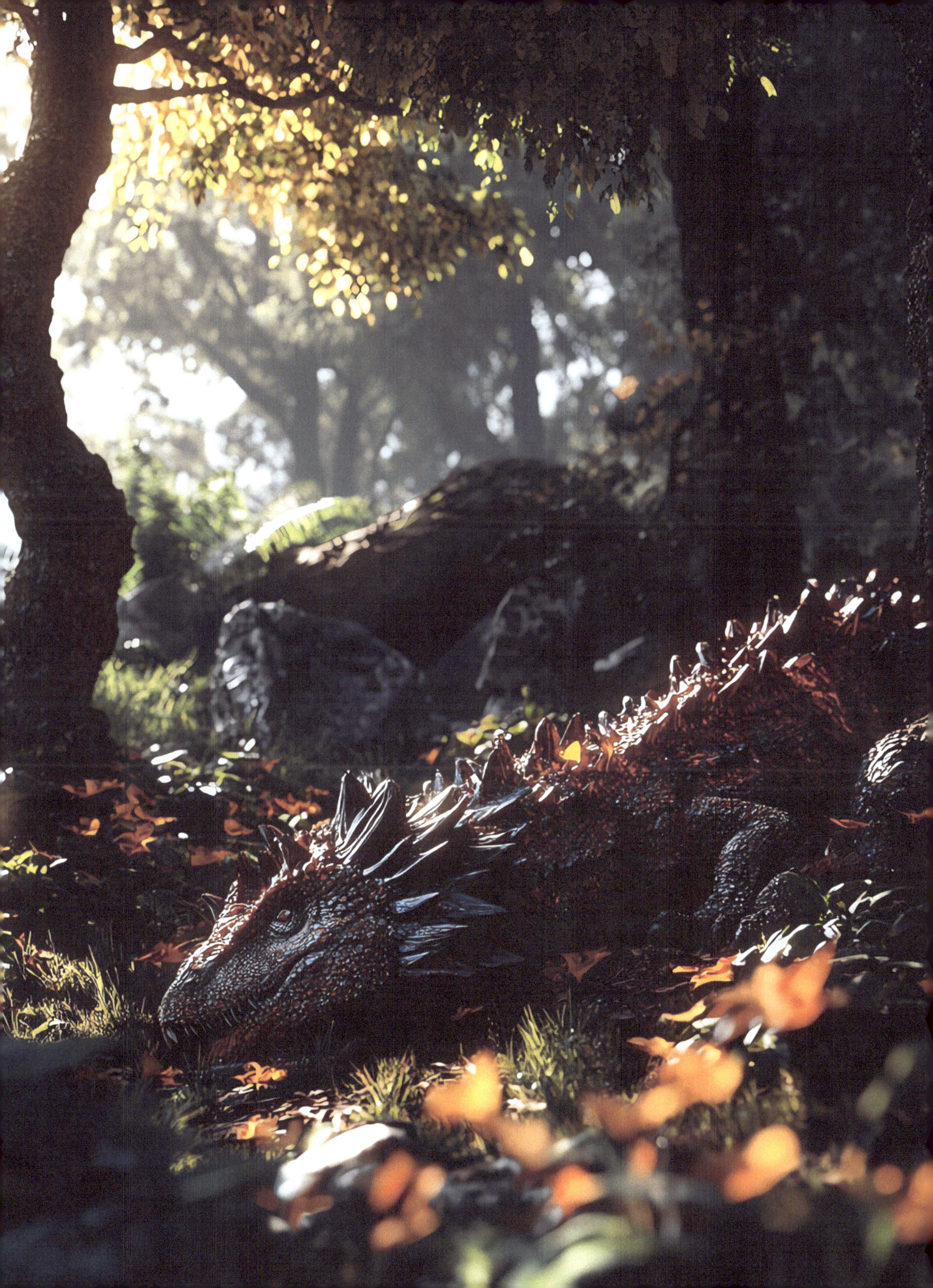

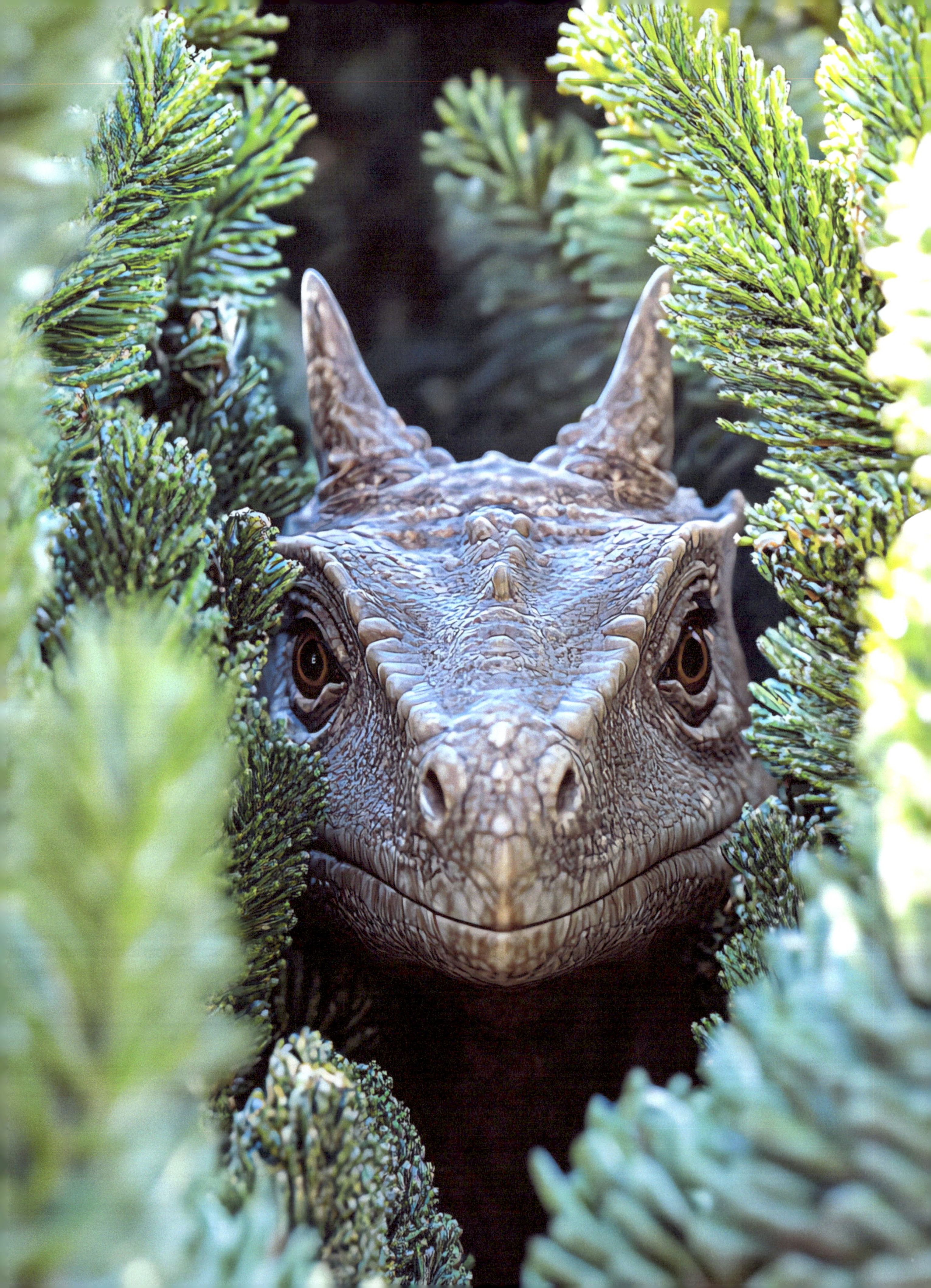

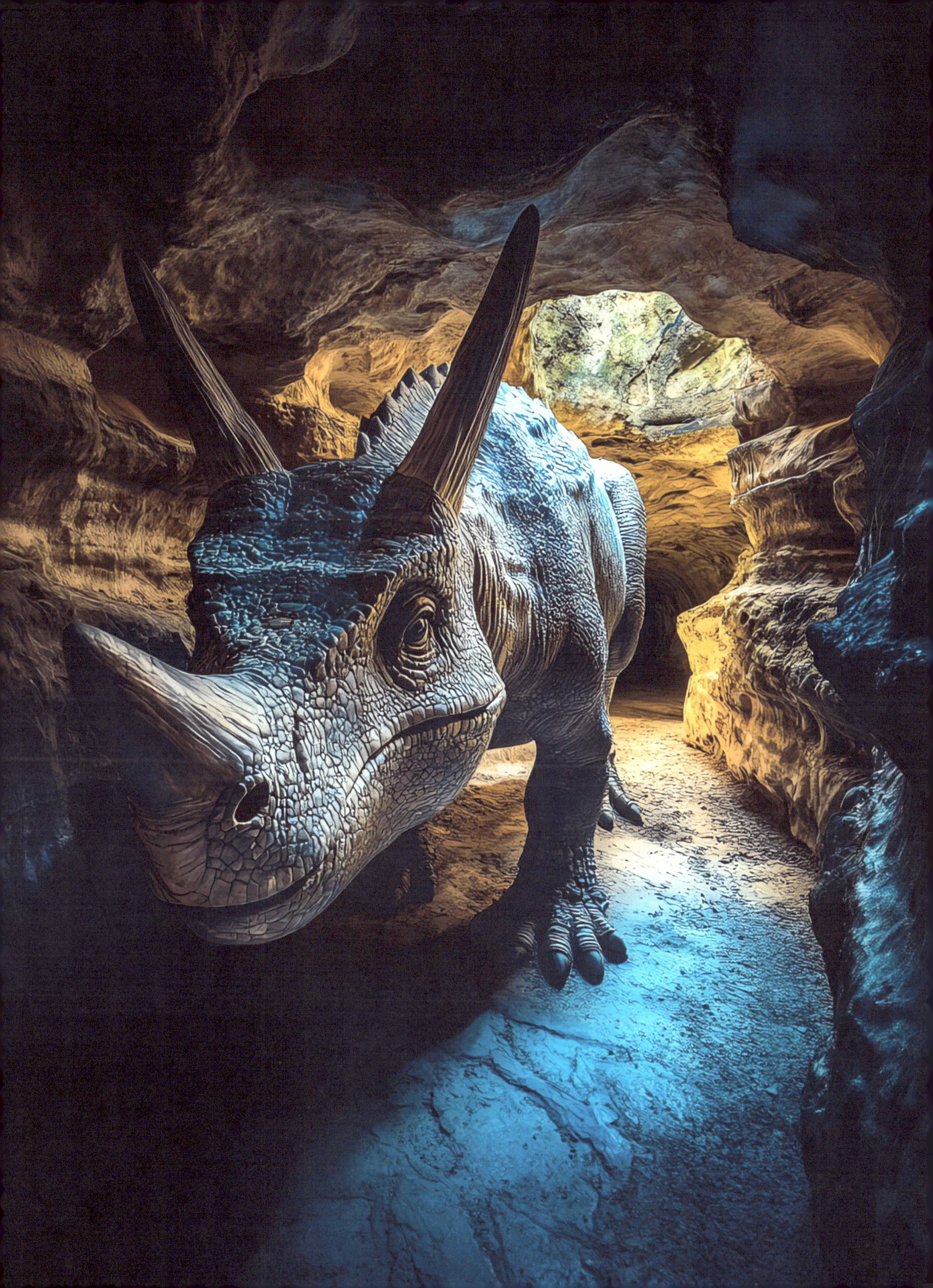

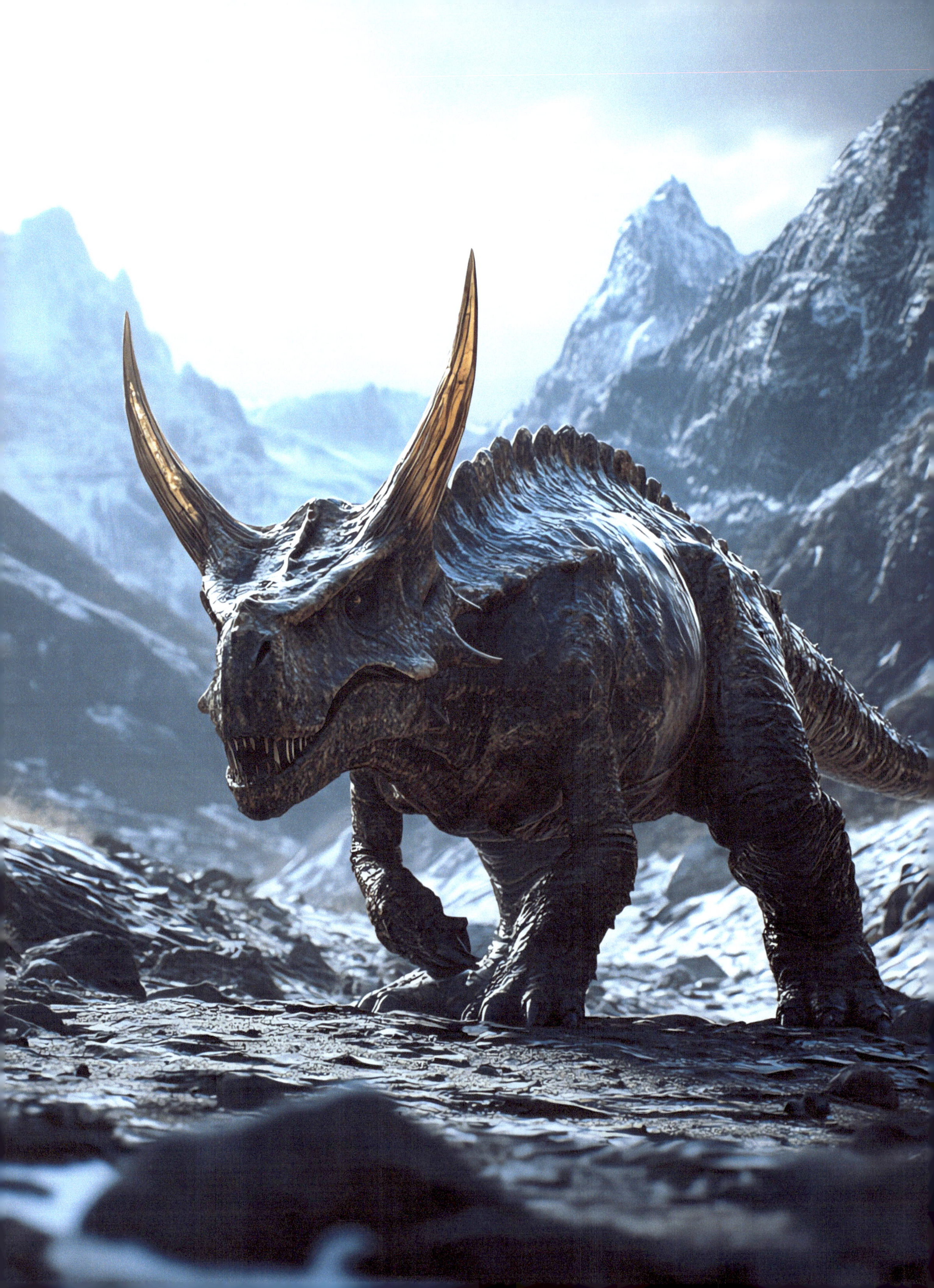

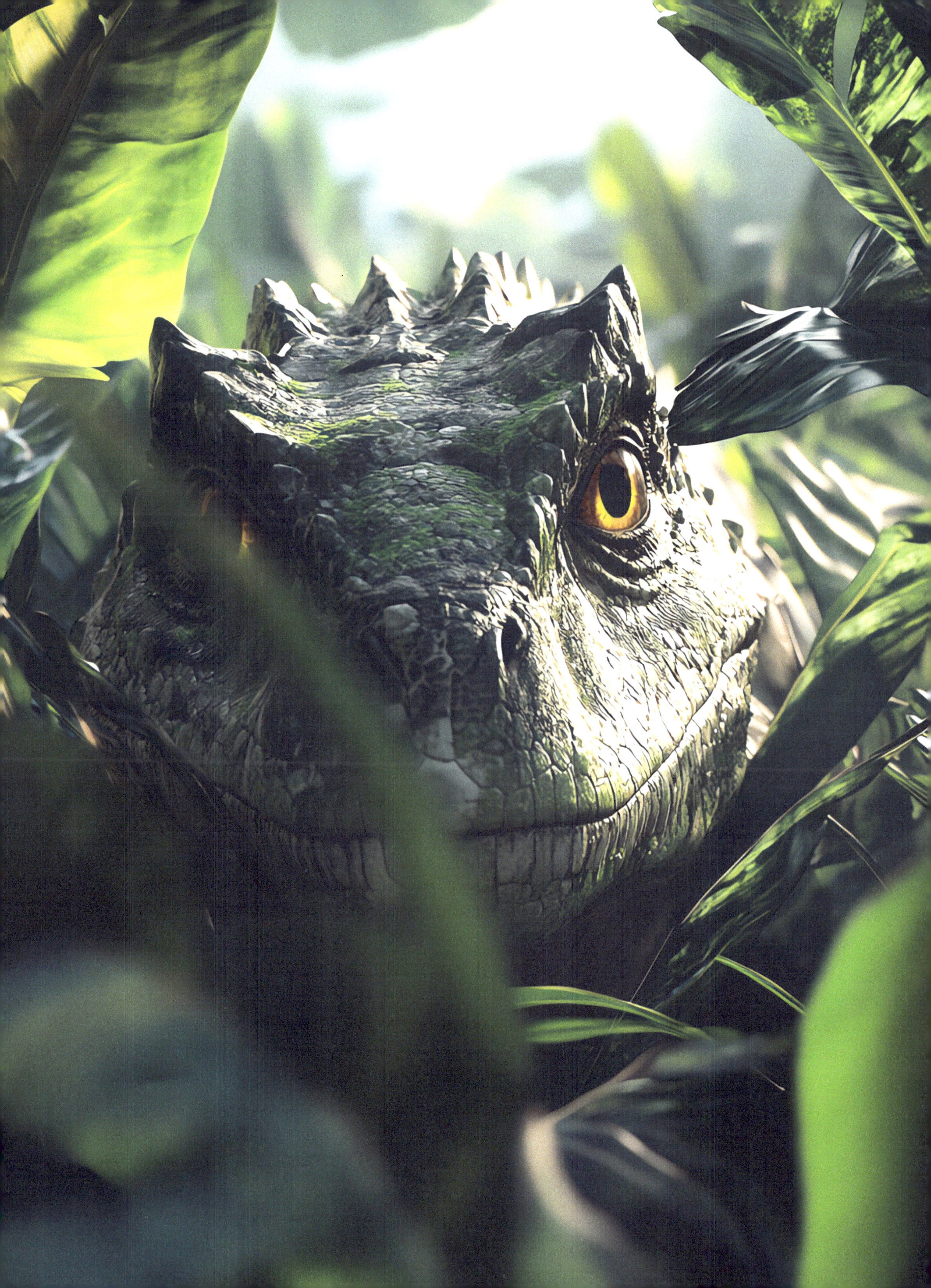

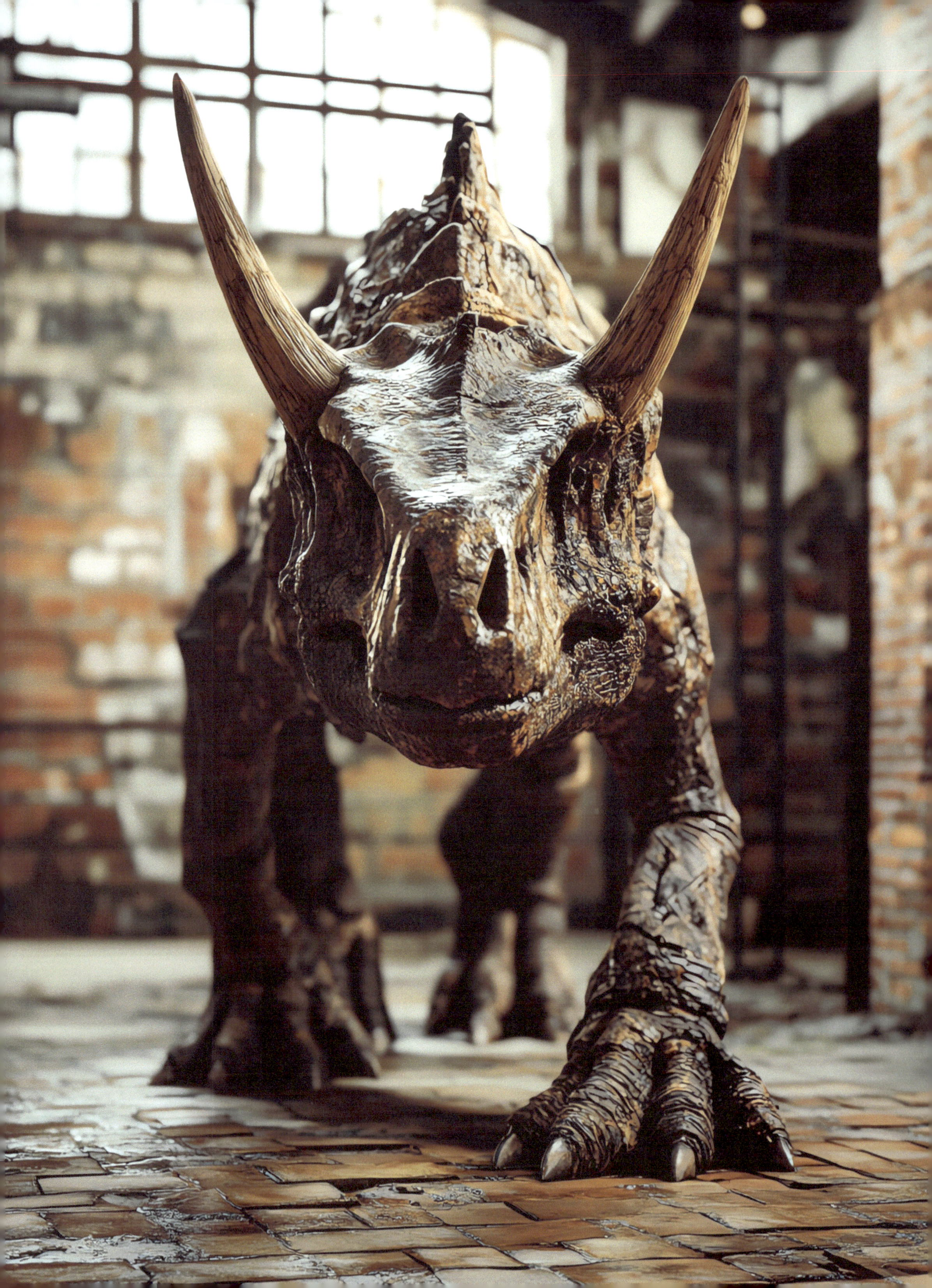

www.ingramcontent.com/pod-product-compliance
Lightning Source LLC
Chambersburg PA
CBHW040433220526
45473CB00004B/1429
* 9 7 9 8 3 0 3 2 4 4 4 2 9 *